晩年のカール=マルクス

ささやかなこの書を、坂崎侃先生の霊にささぐ

マルクス

● 人と思想

小牧　治著

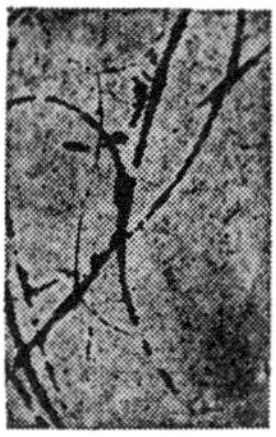

20

CenturyBooks　清水書院

マルクスについて

——マルクスを、勉強するようになったわけ——

貧しい農村の暗い思いで

農村でくらした少年時代のことを思いだすと、わたしは、なにか暗い気もちになる。そのころの日本は、中国との戦争にあけくれていた。どこで、どういうわけの戦争をしているかを、わたしは、聞いたり、読んだり、教わったりした。もちろん、りっぱな正義の戦いをしているのだと思っていた。でも、日々の生活はつらかった。なにか遠くにあって、わたしたちには見えない戦争よりも、身じかな生活の貧しさが、つらかったのである。わたしだけでなく、わたしが育った農村のひとたちは、みんな貧しかった。それが、わたしを、ゆううつにさせたのだった。学校の先生は、立身出世《りっしんしゅっせ》をせよ！　と教えてくれた。でも、貧しいものにはなりようがなかった。たったひとつ、兵隊になり、戦争にいってえらくなる道があったといえよう。しかし、それも、わたしのごとく体の弱いものには、だめだった。

とにかく、父母たちの苦労を思うだけでも、わたしには、楽しい青春どころではなかった。たがいに助けあい、はげましあって暮らした小学校時代の友だちたち、そのなかには、すぐれたひともいた。にもかかわらず、上の学校へいって勉強するわけにはいかないひとが、大部分だった。

おさな心《ごころ》のわたしは、そういうことに、なにか暗い矛盾《むじゅん》のようなものを、感じないわけにはいかなかった。でも、こういう矛盾が、なににもとづくかなどということは、とうていわからなかった。考える力はないし、教えてくれるものはないし、また、考えたところでどうにもならぬことだった。わたしたち百姓《ひゃくしょう》は、汗水たらし、泥まみれになって働いた。それでも貧しくて、啄木《たくぼく》の詩が、思いだされてくるのだった。

はたらけど
はたらけど猶《なお》わが生活《くらし》楽《らく》にならざり
じっと手を見る

悔いと反省から マルクスへ

父母たちのおかげで、わたしは、さいわいにも学生生活をおくることができた。しかし、父母が、息子《むすこ》の学資のために苦労していたあの姿を思いうかべると、なにか、いまだに、わびてもわびきれないような気もちになる。

中国との戦争は、ますます拡大して、ついに、米英をも敵とする、あの大戦争にまでなっていった。わたしは、その間に教師となり、哲学や倫理を教えることになった。もちろん、もはや、マルクス主義を、公然《こうぜん》と勉強したり、しゃべったり、教えたりすることは、できなかった。ゆるされたことは、マルクス主義を、アカとして、てっていてきに非難攻げきすることだけだった。

戦争は、あのような形でおわった。わたしの教え子たちが、戦場で散っていった。友人たちが、戦争の犠《ぎ》牲《せい》となった。よき兵としてたたえられた農村の若者たちの多くが、骨となってかえってきた。空襲で、多くの市民たちが死んでいった。広島や長崎の惨状は、ほんとうのことがあきらかになるにつれ、この世の地獄《じごく》をおもわせた。……かずかぎりのない戦争の悲劇。

そして、わたしはなにをしていたのか。なにをどう勉強し、なにをどう教えていたのか。わたしは、いまここで、わたしの勉強の誤りや、教師としての罪や責任や恥をくわしく語るゆとりはない。よく歴史の本などにでてくる写真に、神宮外苑での「学徒出陣」というのがある。わたしは、あのとき、女子学生とともに、旗をふって、出陣学徒を見おくった。あのなかの多くの学生が、戦場で死んでいったことであろう。わたしは、あの写真をみるにつけ、いいしれぬ恥ずかしさと責めに苦しめられるのである。なんとおろかな、無責任な教師であったろうか、と。なんというバカな哲学者であり倫理学者であったことか、と。わたしは、哲学とか、倫理とか、思想というものの勉強のしかたを、おかした罪にたいする責めとして、また、つぐないとして、反省しないわけにはいかなかった。

そういう悔いと反省のなかから、わたしはマルクスを勉強するようになった。貧乏のわけ、戦争の原因、労働者の解放、ほんとうの意味での人間の自由や平等や幸福、それらをあきらかにし、それへの道を訴えるマルクス主義が、多くのものを考えさせてくれたからである。戦争にも反対して、平和をさけんできたマルクス主義者たちに、胸うたれたからである。わたしは、考えた。とにかく、この理論を勉強してみよう！と。

マルクスのみりょく

マルクスは、貧乏人どころか、ゆたかなインテリ市民の家庭で生まれ、めぐまれた学生生活をした。かれの妻イェニーは、郷土きっての名門貴族の出であり、美ぼうをうたわれた才媛《さいえん》であった。それにもかかわらず、マルクスは、貧しい労働者の解放のために、一生をささげた。かれは、労働者をはじめとする下づみの人たちの貧困や、苦労や、奴隷《どれい》状態や、堕落《だらく》が、おカネ（資本としてのおカネ）が支配している、この社会のしくみに由来するとした。こんにちの戦争もまた、利潤をもとめてやまない資本の争いによるとした。およそ、あらゆるひとが、カネの奴隷となって、ほんとうの人間らしさを失っているのは、この「ことはカネしだい」の社会が原因だ！　だから、労働者を解放してほんとうに自由にするためには、そしてまた、およそ人間を解放してほんとうに人間らしくするためには、この、資本の私有を金科玉条《きんかぎょくじょう》としている社会（資本主義）を、変革しなくてはならない、と考えた。そして、この資本主義を打倒するための力ないしエネルギーを、プロレタリアート（労働者階級）に期待《きたい》した。マルクスは、そういう革命のための理論を、プロレタリアートにとき、そのための実践を、プロレタリアートにうったえた。かれの生がいは、こういう理論のための勉強と、それを実行するための活動とにあけくれたのだった。とうぜん、そこには、迫害や中傷や追放がつきまとった。それとともに、ドン底の生活や、家庭の不幸（子供の病死）や、病苦が、かれをはなさなかった。だが、かつて郷土の花《はな》とうたわれた妻イェニーの愛は、よく夫をささえた。また、きわめてゆたかな商店主の息子として生まれたエンゲルスが、マルクスのこのうえない友人として、マルクスを助けたのだった。

こういう愛情や友情にたすけられて、マルクスは、こんにち、いたるところで問題になっているマルクス主義を、つくりあげたのである。

マルクスが生まれてから、まだ一五〇年そこそこである。かれの主著『資本論』が世にでたのは、一〇〇年ほどまえのことである。にもかかわらず、こんにちの世界の三分の一が、すでにマルクス主義にもとづく社会体制をとっている。そうでない国や民族も、大なり小なりマルクス主義の影響をうけているし、うけないわけにはいかない。世界史のうえで、かつてこんな思想があったであろうか。

こんにちの問題

しかし、かつて貧しかった農村も、いまはずいぶんゆたかになったようだ。戦争にまけたにもかかわらず、こんにちの日本は、まえにもまして、目をみはるばかりの姿となった。だから、わたしが、いまのべてきたことなどは、若いひとには、老人の昔ばなしか、グチのようにきこえよう。

しかし、わたしは、こんにちの世のなかに、また暗いものや矛盾を、感じないわけにはいかない。そういう矛盾をみていると、こんにちの世にもてはやされている、えらいひとのおっしゃることが、なにかそらぞらしくきこえてくる。

はなしを、身じかのことにむけてみよう。みんなこんにちまで、しのぎをけずって競争してきたし、これからも、そうしないわけにはいかない。競争であるからには、ひとを負かして、自分が勝たなくてはならない。そのため、みんな、ずいぶんいやなゆがんだ勉強や生活をしてきたし、また、しなくてはならない。学歴が人間の価値をきめる。そこで、大学へ行けないひとのことを思うと、わたしは、また暗い気もちになる。これほど平和がさけばれながら、いま、世界のあるところでは、戦争がおこっている。おそろしい核兵器は、たえず、わたしたちをおびやかしている。なにが友情だ！　なにが自由だ！　なにが平等だ！　なにが平和だ！　とさけびたくもなる。「ことはカネしだい」の世のなかでは、ひとはカネのために狂奔しないわけにはいかない。ひとは、カネの奴隷になっている。こういう状態を、わたしたちは、「現代の矛盾」とか、「疎外《そがい》」（人間が人間のほんとうのありかた、人間らしさ、を失っていること）とよんでいる。「人間らしさを取りもどせ！」とさけんでみたところで、むりなはなしであろう。問題は、そういうふうにならないわけにはいかない状況にあろう。こういう状況のなかでは、授業の時間などに並べられる、友情・仲よく・自由・自主・平等・平和などといったコトバが、実感をもってピンとこないのは、むりからぬことであろう。

新しい社会づくり　問題は状況であり、社会である！　こういうてんから、世のゆがみや矛盾をなくしようとしたのが、マルクスであったともいえよう。

ひとは、ひとりで生きているのでなく、また、ひとりでは生きられない。日々の生活、またそのためのもの生産、を考えてみてもわかる。それは、社会の多くのひとたちの協力によってはじめて可能である。にもかかわらず、貧富のはげしい格差があったり、たがいにしのぎをけずって競争しあい、敵対しあい、いがみあわねばならぬとは、どうしたことだろう。そこでは、仲よくしろとか、信頼しろとか、自主的であれとか、えらくなれ、などといってみたところで、それだけでは、ことはかたづくまい。問題は、みんなが仲よくしあえ、信頼しあえ、自主的に個性をのばすことができ、みんなが価値（えらさ）をもちうるような社会をつくることに、あるのでなかろうか。こういう人間関係をつくりあげること、それを、マルクスも、ねがったのであったといえよう。

わたしが、数年前、西欧のある大学にいたころ、自由主義圏《けん》のなかのかれら学生たちも、ねっしんにマルクス主義を勉強していた。かれらは、マルクス主義にたいしてどういう態度をとるにしろ、とにかく、この主義をよく勉強しなくては、という思いにせまられていた。そうでなければ、世界の平和の問題を論じる資格はない、と考えているようだった。

この書を世におくるにさいして、わたしは、恩師である、坂崎侃先生のことを、思わずにはおれない。戦後、先生は、とまどっていたわたしたちのために、マルクス主義の研究会を、つくってくださった。わたしたちは、そこで、マルクス主義のすぐれた研究者から指導をうけ、先生を中心にし、いろいろな問題にかんして、話しあいや討論をすることができた。それは、実のりの多いものであった。マルクスを勉強するばあい、わけても新しい社会づくりを考えるばあい、こういう共同の勉強や、話しあいや、討論がだいじだと思う。つたないこの書が、そうした勉強の、手がかりとなってくれるよう、ねがってやまない。

目次

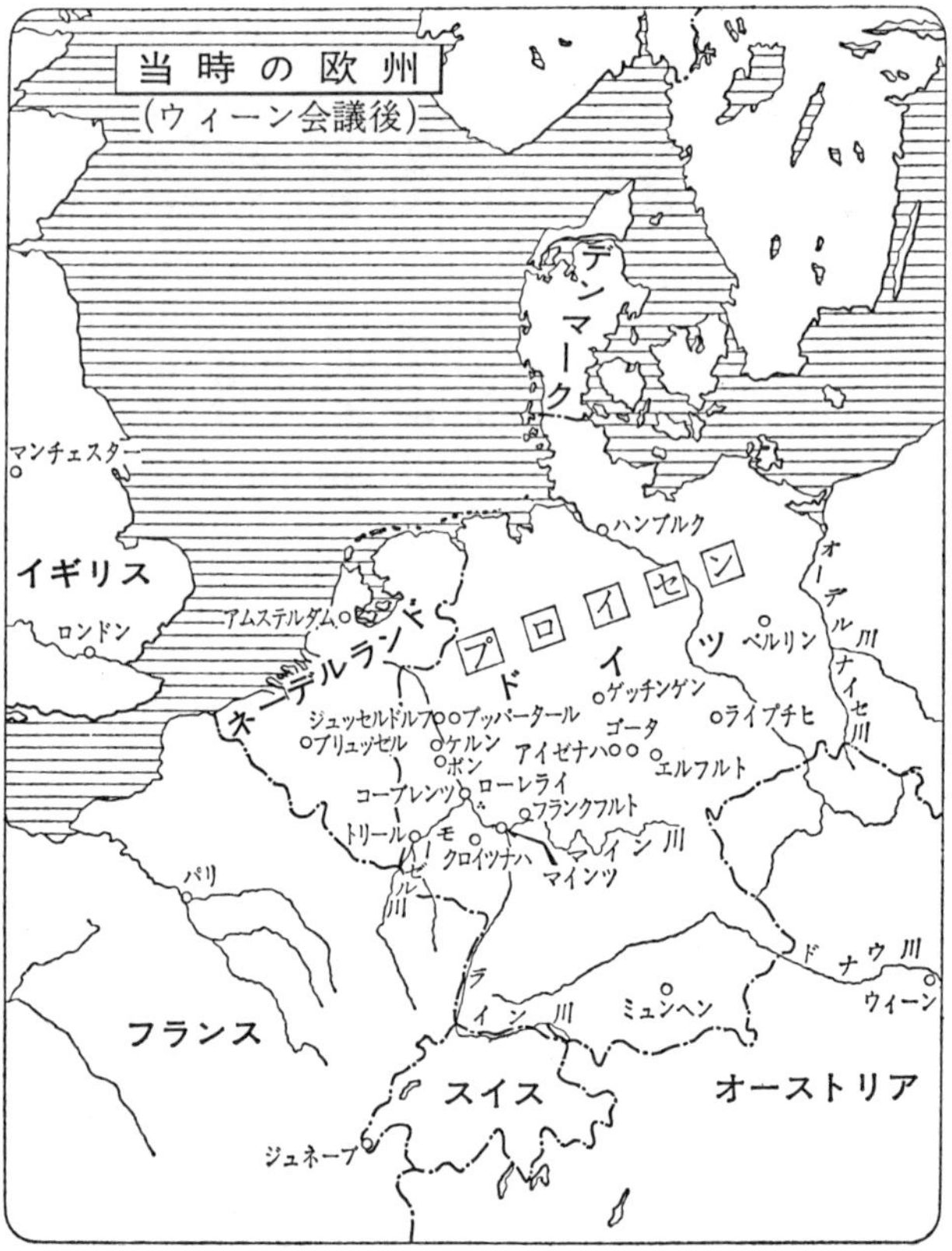

当時の欧州
(ウィーン会議後)

トリール(生地)・ボン・ベルリン・ケルン・パリ・ブリュッセル，さいごにロンドン——それが，マルクスの勉強と活動と亡命の中心であった。

I

幸福な生いたちと自己形成

この人を探訪しよう！

マルクスの生地をたずねて

一九六三年、九月のことである。当時、西ドイツのフランクフルトで勉強していたわたしは、早朝、下宿をたって、ルクセンブルクとの国境近くにあるトリールへ向かった。西欧では、すでに秋風が感じられた。

「トリールに行くって？　それはすてきだ！」と、下宿のおじさんも、近所のおかみさんも、また知りあいの友人たちも喜んでくれた。みんな異口同音に、トリールの町のすばらしさを、あれこれ説明してくれた。しかしそのすばらしさとは、ローマ時代のみごとな遺跡のかずかずが残っている、歴史の町の、それであった。

だが、わたしがこの町へ旅だった第一の理由は、ここが、現代の世界をゆり動かしているマルクス主義の生みの親、カール＝マルクスのふるさとであったからである。

なじかは知らねど心《こころ》わびて

昔《むかし》の伝《つた》えはそぞろ身《み》にしむ
わびしく暮《く》れゆくラインの流《なが》れ
入日《いりひ》に山《やま》やま赤《あか》く映《は》ゆる

わたしたち日本人にも親しまれている、ハイネの「ローレライ」の詩である。ハイネも、マルクスの友人であった。貧しいユダヤ商人の子に生まれたかれもまた、社会主義思想と新しい世界を求めてさまよい、波らんの生涯をおえたロマン的詩人だった。……汽車はライン川にそって走り、このロマンチックなローレライにさしかかる。かつて船でここを通ったときには、船のかなでてくれる「ローレライ」の曲につられ、わたしも人なみに旅愁をそそられ、故国を思いだしたものだった。だが、トリールをめざしての汽車の旅のこの日は、なにかあこがれの未来をもとめるような、しかもわたしを待っていてくれる未知の恋人にあうような、いわば前向きのロマンチシズムに心をはずませていた。

汽車はまもなくコーブレンツに到着する。わたしはここでライン川とも別れて、トリール行きに乗りかえた。列車は、ぶどう酒で有名なモーゼル川の流域を、西南にむかってさかのぼっていく。

コーブレンツから約二時間。あこがれの町トリールは、街路樹のきれいな、いかにもこざっぱりした姿を、モーゼル谷あいの盆地に横たえていた。案内書でしらべてみると、たしかマルクス当時一万数千の人口であった町が、いまでは八万五千余になっている。トリールは、かつてのローマ支配時代、西方領域の中心

マルクスの生まれ故郷，モーゼル川にそったトリールの町

であり、ドイツ侵略の拠点《きょてん》であった。なるほどドイツの友人・知人たちが教えてくれたように、いたるところに、小ローマ的な遺跡（城門・浴場・円形劇場など）が散在している。また古いドームや教会や宮殿は、この地がキリスト教的・世俗的権威の中心であったことを示してくれる。ただ、古い町でありながらも、いかにもいきいきとした雰囲気《ふんいき》がただよっている。そこにひとは、かつて一九世紀、ドイツのなかでのもっともフランス的な町といわれた新しさ、若さ、自由さをよみとることができるであろうか。

いうまでもなくわたしは、ひとしおの感慨《かんがい》をもってマルクスの生家をたずねた。といっても、一部を戦災にやられ、戦後、修理してもとの形にしたものだそうだが。通りからの眺めでは、つくりは一般市民風である。が、なかなかの大きさは、かなり豊かな弁護士であったマルクスの父の生活を、しのばせてくれる。この印象この面影《おもかげ》を忘れまいと、日本人らしく、カメラをなん回もパチリパチリやる。階下は、ドイツ社民党の支部事務所になっており、階上が、ささやかな記念館になっている。記念館には、写真、書簡、草稿、著作などが並べられていたが、書簡や草稿はいずれも原物ではなく、写真版だった。そのなかで、とくにわたしの心をとらえたものは、マルクス夫人の達筆であった。夫人は、やはりこの地の貴族の娘として生まれ、美ぼうで社交界の花とうたわれたのだった。この貴族出のかの女が、波らんの多い、苦難つづきのマルクスを、生涯かわらない愛情で助けたのだと思うと、みごとな筆跡が、よりいっそう光をはなつようだった。

いま世界をゆり動かしているマルクス主義の創設者、カール＝マルクスは、いまを去る約一五〇年前の一八一八年五月五日、ここで誕生したのである。町の有力な弁護士であったハインリヒ＝マルクスと、オランダの出で、やはり弁護士の娘であったヘンリエッテ＝マルクスの三番目の子として。

しかし、マルクスにとって、トリールの思い出は、この生家などよりも、最愛の妻（イェニー）とのロマンスであったようである。後年の一八六三年一二月、当時ロンドンにいたマルクスは、母死亡のしらせをうけてトリールに帰ってきた。そのさい、かれがもっとも心をひかれたものは、愛妻の実家、ヴェストファーレン家であった。かれは滞在中、毎日、昔なつかしいヴェストファーレン家のあたりをさまよった。そして町の人びとが、右からも左からも、かつてのトリールの「いちばん美しい乙女」であり、「舞踏会の女王」であったイェニーはどうしているかと、たずねてくれるのに得意になった。かの女なくしてマルクスを

マルクスの生家（裏庭からの眺め）

考えることはできない。それほどのかの女であってみれば、マルクスをひきつけ、ロマンスの花を咲かせたこの家こそは、つきぬ思い出の泉であったであろう。……

人間らしい人間

ロンドンに亡命して、貧乏な生活をしていたパパ、マルクスは、あるときのこと、二人の娘（ジェニーとラウラ）のアンケートに、こんな告白をしている（ある部分の意訳）。

パパの好きな徳は？　——素朴！
パパの好きな男の人の徳は？　——強さ！
パパの好きな女の人の徳は？　——弱さ！
パパのおもな性質は？　——ひたむき！
パパの幸福感は？　——たたかうこと！
パパの不幸は？　——屈従すること！

パパがいちばん大目にみて許す悪徳は？　――すぐに信じてだまされやすいこと！

パパの好きな仕事は？　――読書に没頭すること！

パパの好きな色は？　――赤！

パパの好きな名前は？　――ラウラ、ジェニー！

パパの好きな格言は？　――人間的なことで、わたしの心をとらえないものは、なにもない！

パパの好きなモットーは？　――すべてをうたがえ！


この告白は、まさにマルクスの人がらを表現して躍如《やくじょ》たるものがある。この男、ひたむきの情熱をもって恋に没頭するかと思えば、またひたむきの情熱をもって友人と議論をしてゆずらない。こびることや屈従をきらって決然と雑誌編集長の席をすてるかと思えば、どんなに迫害されても追放されても、あくまでも自己を貫き通して屈しない。まったく本の虫になってすごい勉強をするかと思えば、貧しい労働者のために東奔西走してたたかう。すばらしい妻をめとり、小説のかれんなヒロイン、グレートヒェンにあこがれるかと思えば、愛《いと》しい子どもの馬となってよつんばいをする。生涯まったくの貧乏であったこの男は、あるときは食うものもなくて愛児をつぎつぎに死なせ、柩《ひつぎ》さえも買えなかった。奥さんを質屋におくってオーバーを質にいれるかと思えば、家賃が払えなくておいたてをくい、夜具その他の衣類から、子どものおもちゃまで執達吏《しったつり》に差しおさえられてしまった。どうにもならないときには、友人や知りあい、とくにエンゲルスにお金の無心《むしん》をした。それでいてこの男は、多くの人から愛され尊敬され信頼された。かれの家庭は、同志や貧しい人たちの、いこいと話しあいの場所ともなった。

たしかにこの男は偉大であった。しかしその偉大さは、超人間的であるからではなくて、人間的、あまりにも人間的なその生涯のゆえではなかろうか。それゆえにこそ、また、わたしは、この人に親しみをおぼえ、この人から教えられ、この人によって勇気づけられるのである。たしかにマルクスは幼少より秀才のほまれが高かった。マルクス夫人は、トリールでさわがれた才媛《さいえん》であった。しかし、この秀才と才媛も、あれだけの勉強と熱意と努力がなければ、あれだけのことをなしとげることはできなかったであろう。かれこそは、まさに、人間のなかでの、わけても人間らしい人間といえよう。そして、じつは、かれの究極の念願、かれの究極の目的は、この人間——資本主義でゆがめられ、非人間化され、人間らしさを失ってしまっている人間——を解放して、ほんとうの人間らしい人間にすることであった。しかし、そのためには、かれは、この人間をゆがめ、非人間化し、奴隷化した資本主義という社会を批判し、それに死刑の宣告をしなくてはならなかった。なにが、どういう状況が、かれをそうさせたのであろうか。

いまも生きているマルクス

考えてみれば、マルクスが生まれてからまだ一五〇年にもならない。かれの主著『資本論』の第一巻が出版されてから一〇〇年もたたない。ところがそのあいだに、世界は、マルクス主義の影響のもとで、たいへんな変わりかたをした。

理論の上で、また生活の面でマルクスを助けたのはエンゲルスという男であった。資本主義のいちじるしい発達に相応して、マルクス・エンゲルスの理論をさらに発展させたのは、レーニンであった。ひとは、これらの人びとの理論をひっくるめて、「マルクス＝エンゲルス＝レーニン」主義もしくは「マルクス＝レーニン」主義、あるいは「マルクス主義」と総称している。周知のように、このマルクス主義の旗のもとで、こんにちのソ連や中華人民共和国ができあがり、さらに多くの社会主義国が生まれて、現に世界は、二分している（自由主義国がわと社会主義国がわとへ）。そもそも歴史のうえで、これほどの大きな力や影響をおよぼした思想が、ほかにあったであろうか。西欧をたずねてみるとき、いまさらながら驚くのは、キリスト教的な生活や、キリスト教的な見かた感じかたが、まさに本能のごとくに、西欧人の日常生活にしみこんでいることである。道徳はいうまでもなく、芸術にしても、思想にしても、教育にしても、さらには政治さえもが、キリスト教的な色あいをおびている。それが、日本で想像していた以上であるのに、びっくりすることもしばしばである。しかしキリスト教がこのように土着して、生活のすべてを支配するようになるまでには、あるところでは数百年ないし一千年、あるところでは千数百年の年月を要した。ところが、マルクス主義は、わずか百年そこそこで、世界をこれほどにも変えてしまったのである。「哲学者は、世界をただいろいろに解釈しただけである。しかし、だいじなことは、それを変革することである」という、かれのことばそのままに。まことにおどろくべき思想であり理論である。

もちろんマルクスの生まれたドイツでも、またかれのつぎつぎの亡命地、フランスや中欧諸国やイギリスでも、マルクス主義はそのままでは根をおろさなかった。それどころか、しばしば強い排げきをうけた。マルクス主義者は迫害をうけた。にもかかわらず、この主義は、これらの地にも、いろいろな面で、大なり小なりの影響をおよぼさずにはおかなかった。労働運動や労働問題においてはもちろんのこと、資本主義のありかたや国の政策や近代的民主主義のありかたなどにおいて。(資本主義の修正とか、基本的社会権の確立とか、福祉国家の出現とか、社会保障制度の進展とか、社会民主党ないし社会党の政権獲得などにおいて、わたしたちは、マルクス主義の影響をみることができよう。) そして、第二次世界大戦後には、ドイツのなかで、経過はともかくとして、まっこうからマルクス主義の旗をかかげる東ドイツ民主主義共和国が、できあがってしまった。まことに矛盾《むじゅん》したことには、マルクスを無視すればするほど、マルクス主義を排するほど、ますますマルクスが顔を出し、マルクス主義が浸透してくるように思われる。

わたしが、西ドイツのフランクフルト大学で学んでいたときのことである。そのおり、「マルクス主義の」とか、「マルクス主義に関する」とかいった名のつく講義や演習では、いつも学生が大いりだった。かれらは、好むと否とにかかわらず、また肯定すると否とをとわず、とにかくマルクス主義をよく勉強し、それをじゅうぶん理解しなくては、こんにちのドイツや世界の問題は解決しないと、考えているようにみえた。

だから、死んだマルクスは、いまもなお生きている。これからも生きつづけるであろう。しかも、かれのやったことは、そのまま今日にあてはまるのではないとしても、いろいろな意味で、わたしたちを導く星として、ますます光り輝くであろう。

わたしたちは、これからこの人を探訪しよう。そして、探訪しなくてはなるまい。

マルクスが登場してくる舞台

生まれた時代

マルクスが生まれた一八一八年といえば、ヨーロッパを震がいさせたナポレオンが没落してから、三年あとである。フランス革命が種をまいた自由民権の思想は、ヨーロッパ各国はもちろんのこと、さらに遠くアメリカ、とくに南アメリカにもおよんでいた。君主の圧迫をうけて苦しんでいた国民は、あちこちで独立運動を起こすにいたった。

しかし、ウィーン会議にあつまった列国は、革命思想の恐ろしいことを、身にしみて感じていた。同時にまた、列国が同盟するときは、あれほど強いナポレオンをも滅ぼす力となりうることを悟った。そこで、会議にきた代表者たちは、フランス革命的な思想や運動を鎮圧《ちんあつ》して、もとの保守専制にかえそうとの考えをもっていた。したがってフランス革命前の状態を正当とする復古主義が支配的意見となり、革命の意義や成果はまったく無視されてしまった。そういう復古・保守主義の権化《ごんげ》は、キリスト教的博愛主義にもとづいて、各国は兄弟のごとく相助けあおうとする神聖同盟（自由主義的なイギリスを除く諸君主間の同盟）である。

ウィーン会議を主宰したのは、オーストリア首相、メッテルニヒである。かれはこの同盟を利用して保守

パリの二月革命（1848年）

専制の政治を実行した。外国にまで干渉《かんしょう》して、ドイツ、イタリア、スペインなどに起こった革命運動を、武力で鎮圧した。メッテルニヒの反革命保守主義は、一時、ヨーロッパを風靡《ふうび》するにいたった。だが、メッテルニヒは、アメリカ諸国の独立をおさえようとしてモンロー主義につきあたり、ギリシア独立運動にさいして、同盟諸国に裏ぎられてしまった。自由民権と保守専制の衝突は、ふたたびフランスにおいて爆発し、ブルボン王朝を倒すにいたった（一八三〇年七月革命）。勝利に帰したこの革命の波は、ただちにベルギー・ドイツ・イタリア・ポーランドなどへおよんでいった。ことに、産業革命や資本主義の展開、それに呼応する深刻な労働問題や労資の対立のなかにあったイギリスでは、いろいろな運動がはげしくなっていった。選挙法改正法の成立（一八三二年）、チャーチスト運動、穀物法の廃止（一八四六年）、一〇時間労働法の制定

（一八四七年）などが、それを物語るであろう。

労働問題が深刻化する反面、労働者階級が台頭し、おおいと強力となってきた。そうした情勢の反映として、資本主義を批判し平等な社会を実現しようとする、社会主義があらわれてきた。イギリスのロバート＝オーウェン、フランスのサン＝シモン、フーリエなどの「空想的社会主義」とよばれるものは、その代表である。

そうした情勢のなかで、遅れて資本主義が発展し、ようやく労働運動が深刻化してきたフランスでも、社会主義者や急進的小市民に指導された革命が勃発するにいたった。一八四八年二月の「二月革命」がこれである。

マルクスは、こういう波多き時代のなかで生をうけたのである。

立ち遅れのドイツ社会

ではかれの故国、ドイツの状況は、どんなありさまだったのだろうか。ドイツは、もともとからヨーロッパの後進国であったわけではない。近代へのさきがけともいうべきあの宗教改革運動は、ドイツでおこった。そして、この宗教運動は、同時に、圧迫されしいたげられた封建制下の農民が、神の名のもとに正義や自由ののろしをあげた戦いであった。だが、まだ、じゅうぶんな力や統一や援助者をもっていなかった農民は、あの一五二五年のドイツ大農民戦争をはじめ、いたるところで敗北をきっした。その結果、まえにもました封建的反動がおとずれ、農民や小市民たちの自由の叫びは、おさえつけられてしまったのである。ことに東の方のプロイセンでは、「グーツヘルシャフト」とよばれるような、きわめて苛酷《かこく》な、領主の農民支配が誕生する。農民は、「ほんらいの奴隷にもひとしいほどの隷従下におかれた」と、ある歴史の本は書いている。かれら農民は、週のやく半分ほども、領主の荘園で、ただで働かねばならなかった。そのため、ひとたび燃えはじめた自由へのあこがれも、どうにもならなくなってしまった。そのうえ、農民をたちあがれなくしてしまったのは、あの三〇年にもわたる宗教上の争いである。「三〇年戦争」（一六一八―一六四八年）は、当時のヨーロッパ最大の宗教紛争で、ヨーロッパのおもな国が参加して、じつに三〇年間もドイツの領土でつづけられた。これで、ドイツの農村も工業も、再び回復できないほどにすっかりやられ、イギリス・フランスなどの西欧諸国から、はるかに遅れてしまったのである。ドイツは、これで、一世紀ほども損をしたといわれる。

立ち遅れて、強度の封建体制下にあるドイツでは、数百の諸国がいつまでも割拠《かっきょ》して、垣根をつくっていた。オーストリア国王が、ドイツ皇帝（神聖ローマ皇帝）をかねていたけれども、それは、形式的・名目的なものにすぎず、各国は独立国のごとくであった。諸国の分割は、交通や商業や両替や関税などのうえで大へんな不便をもたらし、ドイツの発達や近代化を妨げていた。こういう数多い諸国のなかで強力であったのが、オーストリアであり、さらに一八世紀になってめだって台頭してきたのがプロイセンであった。ことに、フランス文化にあこがれた啓蒙君主、フリードリヒ二世（大王、一七一二―一七八六）は、在位五〇年近く（一七四〇―一七八六）の間に、プロイセンを、欧州列強の仲間にはいらせるほどに強大にした。開明的なこの君主は、民衆の信望をあつめ、「偉大なフリードリヒ」とよばれた。民衆のみではない。当時の有名な哲学者カント（一七二四—一八〇四）でさえ、「現代はまさに啓蒙の時代、すなわちフリードリヒの世紀」とまで言って、大王を世界無二の君主とたたえた。大王に啓蒙の理想が実現せられているのを、みたのである。しかし、たとえ治政が啓蒙的・近代的であったとしても、支配しているのは専制君主である。治政が、いわゆる絶対主義であることにかわりはない。そして、このフリードリヒ絶対主義をささえる経済的基盤は、グーツヘル（封建的大土地所有者）であり、ユンカー（土地貴族）であったのである。したがって、近代化も、上からの近代化ではあっても、下からのもりあがったそれではなかった。さきの哲人カントは、フランスの革命的思想家ルソーにあこがれ、フランス革命に同情と好意を示した。しかしかれとても、下からの革命には反対し、もっぱら啓蒙的な君主、たとえばフリードリヒ大王のような人による上からの改革を主張したのである。カントは、「いくらでもまたなにごとについても意のままに論議せよ、しかしひたすら服従せよ！」という大王の言葉そのままに、自由に自由の哲学を論じ、そしてひたすら服従したのである。こういう絶対主義は、プロイセンに対抗するオーストリアにおいてもかわりなかった。この点が、下からのもりあがりによって近代化をすすめていったイギリスやフランスと、ドイツとの違いであるであろう。こういう立ち遅れのドイツの状況は、お上《かみ》をたてまつる日本ともよくにているようである。

動と反動

フリードリヒ大王のあとをついだフリードリヒ＝ヴィルヘルム二世（一七四四―一七九七、在位一七八六―一七九七）は、君主としてはきわめて凡庸《ぼんよう》であり、保守的であり、啓蒙思想をきらった。ときに、フランス革命の無気味なけはいが、ライン川の彼方から漂《ただよ》いはじめたかと思うまもなく、一七八九年には、革命が勃発《ぼっぱつ》した。波は、ライン川をこえてドイツにまで浸透してきた。保守的で反啓蒙主義的な王が、フランス革命をおそれ、それに反感をいだいたことはいうまでもない。あの誠実な臣下をもって任ずる哲学者カントでさえ、その理性的宗教論のために、宗教に関して講義したり著述することを禁じられてしまった。

　カントは、右のような政府のやりかたを卑劣なことと考えた。しかし、現在のような状況においては、沈黙を守ることは臣下の義務であるとし、真理を公にすることをさしひかえた。ひとは、こういうカントをはがゆく思うであろう。が、そこに、まさに、ドイツ社会の後進性や前近代性が、あったのである。

　こういう状況であったがゆえに、ナポレオンの時代、ドイツ（オーストリアもふくめて）の大部分はフランス軍に占領され、西南一六州がライン連邦としてわかれて、フランスの保護下におかれることになったのである。そのさいナポレオンは、自由・平等・友愛というフランス革命の精神を生かそうとした。こういう状況のもとにおかれたプロイセン王国では、いま、どうしても根本的な改革――絶対主義から近代的国家への発展――が必要であった。有能な政治家、シュタイン・ハルデンベルクなどによる、一九世紀初頭のいわゆる「シュタイン・ハルデンベルク改革」は、近代国家ないし近代的体制へのいとぐちであったといえよう。封建的隷従からの農民の解放、農民の人格的自由や土地処分の自由の確保、などをはじめとする諸施策がそれである。ベルリン大学も設立された。ナポレオンのベルリン占領下、「ドイツ国民に告ぐ」というドイツ再建の大演説をぶった愛国的哲学者フィヒテは、この大学の創立に努力し、教授となり、第一回互選総長ともなった。のちほどドイツ哲学界に君臨するヘーゲルも、まねかれてこの大学で講じた。そして、青年時代のわがマルクスは、父の配慮《はいりょ》でここに遊学し、ヘーゲル哲学への心酔《しんすい》からその批判への道を、ここではじめるのである。

が、それはともかくとして、わたしたちはここで、この改革の指導者たちの自由主義的傾向を、イギリスやフランスのそれと同一視してはならないであろう。たしかにかれらには、西欧自由主義の影響をみることができる。それにもかかわらず、かれらのバックボーンをなすものは、西欧貴族主義であり、ユンカー主義であった。農民の解放といい、農民の保護といい、また自由といい、人間の幸福といい、それらは「貴族のため」「ユンカーのため」という原理を忘れたものではなかったのである。それゆえ、自由といい、解放といい、人道といい、人間性の尊重というのも、フランス革命的な自由・平等・友愛の精神とはことなる性格のものであった。かれらの改革は、市民革命の人権宣言がかかげる、市民的自由や基本的人権の尊重を、根底とするものではなかった。むしろ、高貴にして裕福な貴族、富のある市民、勤勉で忠実な農民という身分が、おのおの有機的に連関しあってその分を守る「有機的身分社会」の建設こそ、かれらのめざす改革像であったであろう。それゆえ、指導者であるかれらにとって、身分の撤廃《てっぱい》や人民の主権を主張するフランス革命のようなものは、社会を破壊し、民族愛をうらぎるものであった。

統一への悲願　ナポレオン没落後、オーストリアの保守的な首相、メッテルニヒの主宰のもとに、いわゆるウィーン条約がむすばれた（一八一五年）。しかしこれは、さきにものべたように、フランス革命前の状態を正当とする正統復古主義にたつものであったため、革命の意義や成果は、まったく無視されてしまった。

そこでドイツは、ウィーン会議の結果、愛国者たちの期待をうらぎって、三五王侯国・四自由市からなるドイツ連邦を組織することになる。この各国は、おのおの主権をもち、おのおのの憲法をもつことになった。これは、ある意味で、時代のデモクラチックな情勢への妥協であった。しかしそれは、上の王侯たちによって、いわば臣民にめぐまれたものであって、人民によって革命的に獲得されたものではなかった。じじつこの立憲政治は、二強国（プロイセン・オーストリア）ではごまかされてしまった。身分的な議会があったけれども、それはたんに相談に応答する権利しかなかった。富裕な農民たちは、領主（グーツヘル）にたいする隷従的な義務から解放されたけれども、貧農たちは、あいかわらず隷従下におかれていた。一方、農業労働者（かれらは、のちほど、産業都市へ流れていく）に没落していくものが増加するとともに、他方、グーツヘル的な大土地所有がめだって生じてきた。こうして、シュタイン・ハルデンベルク改革は、とどこおってしまったのである。

「こんなありさまだったので、解放戦争〔フランスの支配からの解放の戦い〕のあの大きな民族的高まりのあとを風靡《ふうび》したものは、わけても青年たちの深い失望であった」と、わたしが持って帰った西ドイツのある高校教科書には、こう書かれている。「復古主義によってさまたげられながらも、民族的・デモクラチックな傾向は、地下で流れつづけた。当時、復古主義者たちが、ほんきでドイツでの革命におののいていたとするなら、それは、たしかにオーバーな恐怖であった。君主への忠誠心は、なおいぜんとして強力であった。青年たちの、熱狂的にロマンチックな精神にあっては、デモクラチックな方向よりもナショナルなそれのほうが、あきらかに強かった。とくに学生たちによって、そうしたナショナルな傾向が、育てられていった。全ドイツ学生同盟は、大学内での、従来のセクショナリズム的なお国意識を排して、熟しつつあるドイツ民族の統一を表示しようとした。一八一七年のヴァルトブルクのお祭りに、全ドイツから学生たちが集まってきた。そして若干の急進的な学生たちは、公然と、一連の反動的な文書類を、つたえるところでは、連邦憲章をも焼きすてた。さらに具合のわるいことには、ロシアの参事官であり劇作家であるコッツェブーが、イェーナの神学生カール＝ザントによって、マンハイムで殺された（一八一九年）。コッツェブーは、ロシアのスパイとみなされていた人であり、ザントは、この殺害によって民族愛を例証しようとしたのであった。そこで、メッテルニヒは、一八一九年、カールスバート〔に開かれた連邦会議〕の決議を遂行するにいたった。すなわち、中央検索委員会が、マインツに設けられた。学生同盟は禁止され、諸大学は政府の監視下におかれ、書物や雑誌は検閲をうけねばならぬこととなった。同時に、民族的理想主義者（ヤーン、アルント、シュライエルマッヘル）にたいしては、だんこたる手段がとられた。登場したこの反動は、前進する国家統一運動を強力に妨害することとなったのである。」

西欧からの波にゆられるドイツ

このあとも、ドイツでは、動と反動の波がくりかえされていく。しかもそれが、お隣りのフランスでの革命と反革命との余波によって、おこされるのである。

ウィーン会議後、復活したフランスのブルボン王朝は、いぜん専制的な反動政治を行ない、自由主義者を圧迫したり、言論の自由をうばったりした。そのため、一八三〇年七月二八日、いわゆる「七月革命」がパリに勃発した。憤激した自由主義者・労働者・学生などが、バリケートをつくって立ちあがり、兵のなかにもこれに和するものがあった。シャルル一〇世はイギリスへ逃亡し、かわってオルレアン家のルイ＝フィリップが、「神のめぐみと国民の意志によるフランス人の王」たることを称して、王位についた。ふたたび、革命の旗「三色旗」が、ブルボン家の旗にとってかわったのである。

革命の影響は、すぐさまヨーロッパの各国へ波及していった。ベルギーへ、イタリアへ、ドイツへ、そしてさらにポーランドにまで。ドイツのハノーヴァー、ブラウンシュヴァイク、ザクセン、ヘッセンなどにおこった自由民権の運動は、憲法を保証させるにいたった。またこういう風潮ないし運動は、あるいは南ドイツにおいて、あるいは文学において、あるいは学生の間において、あるいは教授たちのなかで、一時もりあがった。しかしドイツでは、それも大きな流れとなって実を結ぶにはいたらず、強い封建的反動に鎮圧されねばならなかった。ゲッチンゲン大学の七教授が、自由な憲法をふみにじったハノーヴァー王に抵抗して、追放された（一八三七年）のもこのころである。この七教授のなかには、童話と辞書で有名なグリム兄弟もいた。

ただこうした状況のなかで、一つの前進といえるものは、一八三三年の関税同盟である。ドイツ連邦の各国において、それどころか同一国内においてさえ、異なった貨幣制度や度量衡制度があり、各国境に税関があった。そのため、商業取引が大いに妨げられた。が、プロイセンの提唱によるこのたびの関税同盟へ、オーストリアを除く各邦が参加し、相互間の税関が撤廃されるにいたった。この経済上の同盟は、交易を活発にしたのみでなく、のちほどの産業の発展やドイツの統一を準備することにもなったのである。

ちょうどこのころ、パリへ亡命したドイツ人のあいだで「亡命者同盟」が成立した（一八三四年）。三六年には、さらに、このなかの急進的・社会主義的分子によって、「正義者同盟」がつくられた。のちほど、わがマルクスも、これに関係することになる。

すでにのべたごとく、このころイギリスでは、すでに資本主義の矛盾があらわれはじめ、労働者階級の経済的・政治的闘争がはじまっていた。フランスでも産業革命が進行するにつれ、労働問題が深刻となり、労働運動や反政府運動もはげしくなっていった。これらを反映し、オーウェン、サン＝シモン、フーリエ、ルイ＝ブラン、プルードン、ブランキなどの、はっきりした社会主義思想があらわれてきた。労働者階級は、急進的な共和主義者や社会主義者に指導されて、みずからの階級や運動の意味を自覚するようになる。さきの七月革命によって出現した、フランスのルイ＝フィリップ王政は、遅かれ早かれ、それと衝突しないわけにはいかなかった。一八四八年二月、普通選挙権を要求する示威運動が弾圧されたのを機として、パリに、またも革命が勃発した。いわゆる「二月革命」である。社会主義者や共和主義者に指導されたこの革命も、結局、反革命の勝利でおさまるようなことになる。しかし、こうした革命と反革命とをジグザグにくりかえしつつ、大局的にみれば、フランスは――そしてイギリスも――人民の権利を獲得していったのである。

二月革命の余波をうけたドイツでは、一八四八年三月、ウィーンとベルリンに革命が起こった。オーストリアのメッテルニヒは亡命し、プロイセンでは憲法が制定された（「三月革命」）。マイン河畔《かはん》、フランクフルトのパウロ教会で開かれたドイツ国民議会は、統一ドイツの憲法制定をめざした。が、これもドイツ近代化の未成熟や、プロイセン王国の圧迫によって、解散させられ、たんなる井戸端会議におわってしまった。ドイツには、まだ、みずからの力によってことを進めるような、下からの人民の力は成熟してはいなかった。自由と統一のためのいろいろな運動は、これを統一のある組織的なものへ成長させることができなかったのである。

古くて新しいトリール

さてここで、わがマルクス君が、そこで生まれ、そこで少年時代をすごした、当時のトリールへ眼をむけることにしよう。

古い町トリールは、フランス革命からナポレオン時代にかけて、フランスの支配下におかれた。それから解放されたかと思うと、ウィーン会議後、ドイツ連邦のなかへくみいれられた。そしてメッテルニヒやプロイセンの保守的反動的指導のもとに、おかれねばならなかった。

しかし、もともとライン地方は、比較的自由の空気のただよっていた地域である。そこへ深くその跡をのこしたのが、フランス革命の精神であった。それは、反動のなかにあっても、けっして消えさることはなかった。繊維工業や鉄鋼業をもつこの地方は、すでにドイツ資本主義の中心地帯、ドイツ＝ブルジョアジーの本拠となりつつあった。わがマルクスが編集兼主筆をすることになる『ライン新聞』は、いわば、このライン＝ブルジョアジーの機関紙であったのである。そういうライン地方のなかでも、もっともフランスに近いのがトリールである。当然のことながら、そこでも、すでに皮革工業や織物工業が盛んになっていた。そこでは、「自由・平等・友愛」の精神が、この町の人たち、わけても教養人たちの生活のなかへ、自然と根をおろしてきていた。フランス革命のころには、フランスのジャコバン党共和政府を支持する「ジャコバン＝クラブ」が、この町にもできたほどであった。のちほどマルクスが入学することになるギムナジウム（高等中学校）の校長、ヴィッテンバハは、ルソーの弟子をもって任じていたということである。ローマの遺跡があり、中世の教会が並び、昔ながらのモーゼルぶどう酒をつくっていた古い町トリールは、同時に、新しい自由の雰囲気のただよう町であった。

なおこの町は、いまも古い有名な教会がたくさんあることからわかるごとく、キリスト教、とくにカトリックの強い町である。中世時代、トリール大司教の権威は、きわめて強かった。キリスト教というものが、西欧人の生活のなかで、どんなに強い支配力をもっているかについて、さきにふれた。むしろキリスト教は、かれらの生来の本能のごとくに、かれらのすべての生活といったいをなしてきた。そしてそういう状態は、内心の信仰を尊しとするプロテスタントよりも、教会生活その他の外形的生活を重視するカトリックにおいて、いちじるしいといえよう。

ここで一言ほのめかしておきたいことがある。それは、一つは、マルクスが幼少のころ、一家がユダヤ教からプロテスタントに改宗したことである。いま一つは、若き青年マルクスが、キリスト教ないし宗教の批判から、かれの本格的な仕事をはじめたということである。いずれもたいへんなことであったろうと想像する。この改宗や批判は、どういうわけによるのであろうか。あとで、ふれてみたいと思う。が、とにかく、一家は、ユダヤ教をすて、しかも有力で支配的なカトリックでなく、プロテスタントに改宗した。そしてマルクスは、カトリックもプロテスタントもふくめてのキリスト教ないし宗教そのものを批判した。

舞台と演技

わたしは、舞台をえがくという名のもとに、ヨーロッパのこととか、フランスのこととか、ドイツのことを、あれこれしゃべりつづけた。わたしの問題は、マルクスの生涯や思想を話すことであったのに。だから読者のかたは、もううんざりして、しゃくにさわられたことと思う。辛抱づよくて好意のあるひとでも、一刻も早くマルクスの登場をお待ちになったことと思う。申しわけない。だが、長すぎたと思われる舞台描写にも、大事なわけがあったのである。

じつは、「人とその思想」を語るばあい、しっかりと舞台を描写し、そのうえでその人に登場をねがうというのは、ほかならぬマルクス自身の念願であり、やりかたであり、理論であったのである。

そもそも、舞台のない芝居や演技なんてものはありえない。お客は、役者の演技をみるのではあるけれども、舞台のうえの演技、舞台のなかの演技、舞台と関連している演技、をみているのである。舞台なくして演技もなければ、演技のない舞台もない。両者は、きりはなせないように結びつき、関係しあっていて、いわば一体をなしている。おなじように、「人とその思想」と、それの背景であり舞台である「歴史や社会」とは、密接に結びつき、関連しあい、からみあっている。生きている人間のいない歴史・社会は、ありえない。とともに、ある特定の歴史（とき）・社会（ところ）のなかにおかれていない人間などは、ありえないし、考えられない。

それどころではない。人・思想と歴史・社会（とき・ところ）との関係は、役者と舞台との関連のようにかんたんで単純なものではない。人・思想と歴史・社会との相互の関連は、瞬時もとどまることなく生成し、変遷《へんせん》し、運動し、流れていく。それはたえず変遷し運動していく、人間と自然との関係であり、また人間相互の関係である。人はある特定のとき・ところのなかに生まれ、そこで育てられ教育されて大きくなり、そこで社会や歴史をつくりかえていく。逆にとき・ところは、こうした人を育てつくりながら、また人によってつくり変えられていく。生きた人間という役者は、刻々に、つくられつつ、つくっていく。逆に歴史的・社会的な人間の世という舞台は、刻々につくりつつ、つくられていく。

マルクスは、だから「人とその思想」をみるばあい、こういう関連のなかでみなくてはならないというのである。マルクスはいう。よく観念論者といわれる人がするごとく、ある人を神さまにしたり、ある思想を永遠絶対の真理として固定してはいけない。舞台から切りはなされた思想が思想だけで存在しているように考えたり、舞台から引きはなされた思想をつらねて思想史を書いてみたりしてはいけない。思想が世界をつくるかのごとく空想してはいけない、と。

ところで、いまひとつ大じなことがある。それは、マルクスにとって、舞台の中心をなし土台をなすものは、経済であり、生産のことであったということである。ひとがパンをどのようにつくり、どのようにして手に入れて生きるか、ということであった。たしかにひとは、パンだけに生きているのではない。しかしパンがなければ生きられないし、政治も芸術も道徳も思想も宗教もあろうはずがない。だから、人間のもろもろの生活や歴史の土台をなすものは、パンのことである。マルクスは、舞台をこういうふうに考えたし、またこういう考えかた・みかたで、舞台にはたらきかけ、舞台をつくりかえていこうとした。

わたしがマルクスを登場させるまえに、まず舞台をあきらかにしようとしたのは、こういうマルクスの考えによったのである。わたしは、これからも、こういう関連のなかで、マルクスの人と思想をあきらかにしていきたいと思う。そうでないと、ほんとうのマルクスにはならないし、墓場のなかのマルクス君は、「これは、おれとはちがう」とおこるであろう。

幸せな幼少時代と、その理想

よき家庭　カールの父、ハインリヒ＝マルクス（一七八二―一八三八）は、ユダヤ教の律法学者で、弁護士を業とし、のちにはトリールの法律顧問官にもなっている。ハインリヒの父、すなわちカールの祖父も、ユダヤ教の律法学者である。カールの母の実家にいたっては、数百年もつづいた、ユダヤ教の律法学者であったらしい。さきにのべた土地がらにもよるであろうが、父ハインリヒは、フランスの啓蒙主義を讃美し、ジョン＝ロック、ヴォルテール、ディドロ、ルソーなどに私淑《ししゅく》したほどの、自由主義者であった。

母ヘンリエッテ＝マルクス（旧姓、プレスブルク）は、オランダ出のユダヤ教徒で、ドイツ語がじゅうぶんに話せなかったということである。そのかわり、まったくの家庭の人で、夫や子どもたちを愛した、よき、りこうな婦人であった。父ハインリヒは、カールが二〇歳のとき、トリールでなくなる。が、母は、革命家カールのことをあれこれ案じながら、カールが四五歳のとき、トリールでなくなっている。マルクスは、母方の親類、とくに、叔父のレオン＝フィリップスとは親しく交わり、極貧時代には、お金の無心に行っているし、この「すてきな老青年」のことをしばしば口にしている。いい人であったらしい。オランダの、いまをときめく「フィリップス電機商会」という大独占資本家が、やはりこの母方の親類すじにあたるというから、ことはまことに皮肉である。

一家にとって特筆すべきことは、カールが生まれる前後に、一家が、ユダヤ教から新教（プロテスタント）に改宗していることである。

人間の歴史がつくったはずのキリスト教が、深く民衆のなかに根をおろし、本能のごとくに生活と一体になっている姿について、さきにふれた。それは、ほんとうに驚くほどに強く、西欧人の生活を規定し左右している。同じことは、ユダヤ教についてもいえよう。そして、キリスト教というばあい、具体的には、カトリックかプロテスタントのいずれかなのである。こんにちの西ドイツ（「ドイツ連邦共和国」）の根本法は、たしかに「信仰の自由」を規定している。しかし、国民学校・中学校・高等学校などに「宗教」の時間があり、その時間になると、クラスのものはみんなばらばらになって、自分の宗派の特別の教育をうける。だから、無宗教のものはもちろん、少数の仏教徒やユダヤ教徒の子どもたちは、その時間は行き場所がなくて遊んでいるか、自宅へ帰るのである。義務教育においてさえこうなんだから、日常の社会生活のいろんな面に、宗派の強い垣根があることは、およそ想像がつくであろう。

ユダヤ人あるいはユダヤ教徒がうけた迫害や村はちぶも、もともとこういう宗派的な垣根（排他性）とか、生活様式や考え方の違いに原因があるであろう。したがってまた、カトリックの強いところでは少数のプロテスタントが、逆にプロテスタントの強いところでは少数のカトリックが、村はちぶにあうのである。そして、村はちぶにあった方は、あった方で逆にますます団結を強め、他を排するようになる。たしかにこの宗派的排他性は、こんにちでは、とくに大都会などでは、だんだん弱くなっている。しかし、小さな町や村や山村などで、そういう垣根や不満にぶつかって、びっくりすることがある。

こんにちにして、なおこうである。それを一五〇年も前、カールの父母は、おそらく強い団結をもっていたろうユダヤ教を脱し、しかも、その町を支配するカトリックでなく、プロテスタントに改宗したのである。それは、たいへんな決心や勇気を必要としたであろう。そういう改宗の理由は、なんだったろうか。あるひとはいう。「改宗は、ヨーロッパ文明への入場のためであった」と。あるものはいう。「一八一五年いらい、ユダヤ人のうえにふりかかってきた新たな迫害をさけようとした」と。あるものは、「プロイセンに完全に溶けこむためであった」という。また、「愛児を世におくりだすためには、それが必要であった」ともいう。こういうふうに、諸説いろいろであるが、中心的な動機は、やはり啓蒙主義的自由主義的な考えかたによるとみるのが、妥当であろう。フランス啓蒙主義にあこがれた、自由な土地の弁護士には、外形的な啓示や儀式でなく、内面の確信を重視するプロテスタントにはしることが、自己にもっとも忠実であったであろう。

ハインリヒとヘンリエッテには、たくさんの子どもがあった。カールは、九人の子のなかの三番目にあたる。とにかく両親は、自由主義的な教養の持主で、相当にゆたかで、ふかい愛情によって子どもをつつんでいた。子どもたちは、近くの、町の名門であり貴族であるヴェストファーレン家の嬢ちゃん坊っちゃんとも仲よしであった。このマルクス家の一少年と、ヴェストファーレン家の、四つ年上の一少女とが、のちにすばらしいロマンスの花を咲かせる。やがて結ばれた二人が、こんにちの世界をゆり動かすほどの革命思想をつくりあげるとは、当時のだれが予想したであろうか。こうして、少年カールは、ユダヤ系の子として生まれたとはいえ、すくすくと、明るく幸福に成長していった。とくに、ずばぬけて頭のよかったカールは、父と母の大きな喜びと期待の源泉であったらしい。ヴェストファーレン家の主人も、このほまれ高い秀才を愛した。ときおり心よく家庭に迎えいれて、ホーマーやシェイクスピアの話をしてきかせたということである。

こういう幸福は、少年時代から、さらに青年時代へとつづいていく。

若きマルクスの職業観と理想

一二歳の少年カールは、町の「フリードリヒ＝ヴィルヘルム＝ギムナジウム」に入学する。

「ギムナジウム」というのは、いまの日本の中学校と高等学校とをいっしょにしたような学校のことで、日本では、「高等学校」とか「高等中学校」とか訳している。将来、大学へ進んで学者や研究者になるもののたどるコースである。勉強がすごくきびしいため、途中で止めたり、落第して止めるものもある。

ところで、わがカール＝マルクス君は、このギムナジウムでも、学業のすぐれた生徒であった。しかも、ここでの教育が、自由主義的であったことが見のがされてはなるまい。このギムナジウムは、自由主義の温床であり、フランスの影響の中心地であった。そして校長ヴィッテンバハは、ジャン＝ジャック＝ルソーの弟子をもって任じていた。家庭で、またヴェストファーレン家ではぐくまれた、少年マルクスの自由な考え方は、さらにこのギムナジウムでつちかわれていった。

そこに五年間在学したマルクスは、一七歳で卒業する。最終卒業試験での諸課目（ラテン語・ギリシア語・数学・物理学・歴史・地理・道徳・ドイツ語作文など）は、中位という物理学をのぞいて、他はすべてグート（良好）であった。わたしは、つぎに、『職業選択にかんする一青年の考察』というドイツ語作文のなかから、一七歳の青年マルクスの考えかたをさぐってみよう。

その作文の内容は、次のようなものである。動物は、自然によって定められた活動をしていて、別の活動範囲があろうなどと気づくことはない。人間もまた、神によって、人類ならびに自分自身を向上させるよう定められている。が、どういう職業によってその目標を達成するか、その選択は、人間にまかせられている。われわれは、自分自身ならびに社会をもっともよく高めることができるような職業を、選ばなくてはならない。この選択こそ、われわれ人間の特権であるとともに義務である。

しかし、われわれは、自分の天分にふさわしいと信じる職を、つねに選ぶことができるとはかぎらない。われわれを取りかこむ社会の諸関係が、われわれの決定以前にそこに存していて、われわれの職を左右するのであるそれにしてもわれわれは、他人の奴隷的な道具になるようなことなく、高貴な誇りをもちうるような職を選ばなくてはならない。職業選択のさいのだいじな導き手は、人類の福祉とわれわれ自身の完成ということである。そのばあい、両者が両立しないように考えるのは誤りである。人間の本性というものは、こうして共同生活をしているすべての人の完成と福祉とのために働くばあいにはじめて、自分自身の完成をも達成することができる、というふうになっている。歴史は、世のなか全体のために働いて、自分自身を気高くしていく人を、最大の偉人と名づけるのである。そこでわれわれは、けっして貧弱で、狭小《きょうしょう》で、利己的な喜びにひたるのではなく、万人の幸福にひたっているのである。われわれの行為は、静かに、しかし永遠に生きつづける。そしてわれわれの遺骸は、けだかい人間の熱い涙によってうるおされるであろう。

以上が、『職業選択論』の大要である。一口にいうならば、まことに純真な、そして誠実な理想主義者としての青年カールの姿といえよう。

あたりまえのことなんだが

わたしは、いますこし、作文の内容をみてみよう。まず、はじめに、動物と人間とのちがい、あるいは人間の人間たるゆえんとでもいうべき点が、のべられている。自然によって規定され、その定められたわくないで動いているのが動物である。ところが人間は、神に定められた使命を、自分で、自分の足で選びもとめて果たしていかなくてはならない。むずかしくいえば、人間の自由とか、可能性とかの問題となるであろう。人間は、こういう可能性を、みずからの力ないし努力によって、みずからの選択ないし自由によって実現し、完成していかなくてはならないのである。

つぎには、そういう人間が社会的な存在であることが、強く、いいあらわされている。人類とか、全体とか、世のなかとか、共同生活とか、社会といったものと、個人との関連が、強くうちだされている。だから、自由に職を選ぶといっても、まったく自由に、いわば白紙の状態から選びだすのではない。そういう自由や選択はありえない。われわれは、生まれると同時に、ある特定のとき・ところのなかにおかれている。いわばそういう社会的な所与のなかにおかれ、そういう所与にたいして、自由にたちむかっていくのである。自由とは、もともと、自分が生きている、あたえられた社会ないし共同生活のなかでの自由なのである。だから、ほんらい、みんなの幸福は自分の幸福につながり、自分の幸福はみんなの幸福につながるものなのである。人類の福祉と個人の完成とは、こっちが立てば、あっちがなりたたず、あっちがなりたてば、こっちがだめになる、といったものではないはずである。両者は両立することができるものである。したがって、人類全体を高め幸福にする、そういうなかで、自己を高め向上させることが、できるのである。自己の完成や向上を、社会ぜんたいの向上とか幸福のなかに見いだすのである。そういうありかたのなかにこそ、人間としての価値が、義務が、栄誉が、品位があるのである。自己の利益や名誉のみを追う人間は、有名にはなりえても、すぐれた人間となることはできない。一七歳の青年マルクスは、このようにうったえる。これは、当時、「類的存在としての人間」という、きわめてむずかしいいいかたで、問題にされたテーマでもあった。資本主義が浸透し発展するにつれ、利益（利潤）のため存分に自己をつらぬくという自由主義ないし利己主義は、いろいろな弊害をうみだしてきた。社会全体の福祉というものを念頭におかない資本主義の弊害、ないしは矛盾といったものを、きわめて感受性の強い青年マルクスは、身に感じないわけにはいかなかったのであろう。やがて芳香をはなつセンダンの芽が、ばくとはいえ、ここにみられるともいえないであろうか。

ただこの一七歳のマルクスの考え方の根本をなすものは、まだやはり、かれがとき・ところから、家庭から、師からうけた啓蒙主義であった。まことに皮肉なことではあるが、かれが、これからさき、誠実に啓蒙主義であろうとすればするほど、かれはやがて啓蒙主義そのものを批判し、啓蒙主義をこえていかなくてはならなかった。

マルクスの作文の内容は、たしかに、ごく平凡なあたりまえのことである。しかし、このあたりまえのことが、現実としてあたりまえになっているであろうか。ギムナジウムのこの卒業生は、すでに、そうなっていない現実をみ、そして、ときとともに、そういうさかさまの現実にふれないわけにはいかなかった。

あたりまえのことが、あたりまえでないのは、なぜだろうか、どこに原因があるのだろうか、そしてどうすればあたりまえになるのだろうか。マルクスの生涯は、いわば、この問題のためにささげられたともいえよう。かれは、こういう矛盾をなくし、あたりまえのことをあたりまえにするために、生涯、悩み、苦しみ、考えた。そして、約束された一身の世俗的な幸福や地位や名誉をすてて、東奔《とうほん》西走した。ときの支配権力にはいたるところで迫害され、追放された。しかし、あかるくなってくる夜明けをみながら、静かに波らんの生涯をとじるのである。

こういうマルクスの生涯を思うとき、わたしには、あの作文が、たんなる優等生の美文や夢とはちがったものとしてみえてくるのである。ごく平凡かもしれぬ内容が、ひとしお深い感慨《かんがい》をよびおこすのである。わたしたちは、ごくあたりまえの正しいことが、そうなっていない現実に、もうマヒしていないだろうか。美しい文やたくみな演説で、ごまかされていないだろうか。あたりまえでないことを、あたりまえと思わされていないだろうか。一時のアメダマで満足していないだろうか。疑問や怒りを忘れてはいないだろうか。あるいは、あきらめて、なるがままに流されてはいないだろうか。いろいろ解釈をしてみるばかりで、「問題は変えることだ!」というマルクスの言葉を忘れてはいないだろうか。強い現状のまえに、たちむかう勇気をなくしてしまっていないだろうか。こう、どこかでマルクスが、訴えているような気がする。

多感の学生時代

ボン大学生、青春をおうか　ギムナジウムをおえたマルクスは、父の期待をうけて、近くのボン大学へ入学する。クラスメート五人もいっしょで、そのなかには、仲のよい、ヴェストファーレン家のエドガーもいた。いうまでもなくかれは、美しいイェニーの弟で、のちにマルクスの義弟となる友である。カールとイェニーが結婚したのちも、エドガーとの交友はつづいた。その親しさは、マルクス夫妻が、長男の名をエドガーと名づけたほどであった。

父の期待とは、いうまでもなくカールを法律家にして、後をつがせることであった。したがって、マルクスの主目的は、法律学を研究することであった。かれは、入学した冬学期（ドイツの大学は、冬・夏二学期制で、各学期が独立した単位になっている）には、法学通論、憲法、法制史、神話学、近代美術史、ホーマー論、などを聴講している。ドイツのどこの大学でもみられる同郷会（かれのばあいは「トリール同郷会」）の幹事をつとめたり、詩のサークルに参加したり、また酒をのんで騒いだりして、大いに青春をおうかしたようである。おうかしたのはよかったが、どうも度がすぎ、借金で動きがとれなくなった。父にかなりの大

昔のボン（マルクスが大学生生活を送ったころ）

金を送らせて、お説教をくっている。父の手紙は、金使いの荒いことを注意し、低級な遊びにふけらないよういましめている。また、作詩に無理解ではないが、へボ詩人になって、家族の者を楽しませるだけにおわるようなことのないよう、忠告している。

冬学期（だいたい一〇月ごろから翌年の二月ないし三月ごろまで）をおえたマルクスは、復活祭（四月上旬）をトリールの両親のもとですごした。夏学期（五月から七月ないし八月ごろまで）、詩の講義をきいてはいるが、まずは父の意にそって、法制史・国際法・自然法などを聴講している。が、一八歳の青年は快活すぎるのか放漫なのか、それともさびしいのか、六月一三日の夜、よっぱらってさわいだため、大学から「一日禁足」の処罰を言いわたされた。

ちょっと脱線するが、わたしは、このマルクス事件から、ドイツの大学裁判のことを思いだす。自治権をもっていた大学は、学生がことをおこしたばあい、大学みずから裁判をして、

ボン大学生時代のマルクス
(1836年18歳)

学生を処罰したのである。ドイツの有名な古い大学の一つであるハイデルベルクの大学（一三八六年の創立）を訪れると、ドイツ語で「カルツェル」とよばれる昔の監禁室が、いまものこっている。そして、ここへ入れられた者によって書かれた、ものすごい落書がある。いわく「われ、何月何日の深夜、よっぱらってお巡《まわ》りと衝突し、ここに囚《とら》われの身となる、何の何がし」と。恋人たちが、窓からパン、ハム、ソーセージさてはビールまでを投げいれて、囚われのかれをなぐさめたとか。さて、ボン大学には、こんな監禁室があったかどうか、マルクス君がどこへ監禁されたか、わたしは知らない。マルクスは、ふるさとの両親やかの女（イェニー）のことを考えたかもしれぬ。が、遠いトリールにいるかの女が、差し入れできなかったことだけはたしかであろう。

八月二二日、この多感の青年マルクスは、ボン大学の修了証書を手にして、夏休みのためトリールに帰ってきた。修了証書といっても、履修授業の証明のようなものである。この修了証書には、もちろんさきの禁足処分が付記されていた。

なおもう一つ、この証書には、マルクスがケルン（ボンの北方、ライン河畔のまち）で、禁制の武器をたずさえていたため、目下審理中である旨、付記されていた。

すてきな宝を手に入れる！

しかし、夏休みには、すてきなことがおこった。かねてから知りあいであり、幼なじみでもあるイェニーと、トリールで夏休みをすごすカールとのひそかな婚約である。かの女は、カールの姉ゾフィーの友だちである。また、ギムナジウムいらいのカールの友だちであるエドガーの、姉である。イェニーの家庭とカールの家庭とは、住居も近く、親しいつきあいでもあった。カールはたびたびイェニーの家を訪れ、かの女とは幼なじみであった。また秀才のカールを愛した、かの女の父親からは、ホーマーやシェイクスピアの話をきかしてもらい、啓蒙主義的な考えかたをうえつけられた。しかし、かの女の家は、なんといってもトリールきっての名門であり貴族である。当主ルードヴィヒ゠フォン゠ヴェストファーレンは、かつてフランス領の郡長をしたことがあり、いまは、政府参事官という地位にある。このヴェストファーレン家に比すれば、市民としては比較的ゆたかであったマルクス家も、見劣りがするであろう。すばらしい縁談はふるほどあったであろう。しかもかの女は芳紀まさに二二歳、トリール社交界の花とうたわれる美人であり才媛である。ところが、相手の男は、おませであり、秀才であるとはいえ、わずか一八歳の、たいして風さいもよくないひげ面の若青年。だれがみたって、似合いの二人とはいえないであろう。

早熟で、秀才で、ロマンチックで、理想を追うマルクスが、この才媛にあこがれ、このトリールの花を求めたことは、男なららなづけることである。しかしかの女がふつうの女であったなら、たとえ相手が秀才であり幼なじみであろうと、この一八歳の男の求婚に応ずることはなかったろう。かの女だって、カールの性格はわかっていたろうし、かならずしも平安でなかろう将来が、予想できたであろう。少なくともかの女

妻であり同志であったイェニー
(1814〜81)

がごく普通でありさえすれば、みずからの境遇にふさわしい幸福の保証される婚約を、したであろう。それに比すれば、このたびのこれは、未来に関し、いくばいかの不安や冒険やいばらの可能性をはらんでいるといえよう。にもかかわらず、かの女は、世間的にすばらしいふる縁談をすてて、カールを信じ、カールに希望をみ、カールに生涯の愛をちかったのである。カールにはちょっとむてっぽうなところがあるけれども、正直で、真実に立ちむかうはげしい性格がある。それが、あの心の美しい女心をとらえたのかもしれない。そして、この愛情と信頼は、生涯、どんな苦難やいばらのなかでも、すこしもかわらなかった。まさに、この婚約は、メーリングがいうごとく、マルクスのかちえた、「最初のもっともみごとな勝利」といえよう。われわれは、イェニーなくしてマルクスを考えることはできないであろう。とするならば、この婚約、というよりも、かの女がかたい決心で、マルクスの求婚に応じたということは、まさに世界史の方向を定めた一つの重大事かもしれない。トリール＝ニュースどころか、まさに世界の重大ニュース、世界史のロマンス、という意味をもつかもしれない。

けっきょく二人は、七年後の四三年に結婚することになる。二人にはまち遠しい春であり、長く辛い婚約時代であったともいえよう。わけてもイェニーは、まわりからの反対に、立ちむかわねばならなかった。

当然のことながら、マルクスの父にも、この婚約は、すぐになっとくのいくものではなかったであろう。しかし父には、カールのいちずの性格がわかっていた。また相手の女が、すぐれているのみでなく、苦難にたえうる献身的な女性であることもわかってきた。かえって、カールに、婚約した以上、「身のほどを忘れるようなことがあってはならぬ」と、かの女へのかわらぬ愛を、いましめるのだった。問題は、ヴェストファーレン家にあったといえよう。しかし、教養の高い啓蒙主義的な貴族、市民の息子カールの才能を愛するという自由な考えのもち主、まさに貴族らしくもない貴族のルートヴィヒは、娘のこの婚約に承諾を与えてくれた。が、父を除いては、かの女のまわりには、反対の人が多かったようである。ことに、腹ちがいの兄は、のちに、反動的なベルリンの内務大臣になったほどの人である。このときすでに、そういう地位をかためつつあった。そのようなかれが、だんだん左よりになっていくマルクスを心よく思わなかったことは、これまた当然のことであろう。だが、かの女の心はかわらなかった。

思いをあとに、はるかなベルリンへ

マルクスは、かの女とひそかに婚約をしたのち、ただちに、ベルリンへ向かってたった。かの女をあとに、後《うしろ》がみをひかれる思いで、馬で七日間もかかる遠いベルリンへ。いうまでもなく、ここの大学で、法律を勉強するために。一八三六年一〇月、マルクス、一八歳のときである。しかも自分の意志でというよりは、ベルリンのようなところで法律を勉強させようとする、父の意志にしたがって。すなわち、マルクスの父は、考えた。のんびりした自由なボン（当時の人口は、一万三〇〇〇余）の大学よりは、きびしい大都会であるベルリンで勉強するほうが、息子のためによくはないか、と。当時ベルリンは、人口やく三〇万、ウィーンにつぐドイツ第二の大都会であった。いわずとしれたプロイセン絶対主義の首府であり、官僚と兵隊の都であり、古い商人や手工業者がまだ支配的な町であった。そして、ここの大学は、一世を風靡《ふうび》したヘーゲル哲学の中心であり、メッカであった。一八一八年、プロイセンによってこのベルリン大学へ招かれた大哲学者ヘーゲルは、三一年、コレラで急逝するまで、まさに当時の思想界に君臨した。そして、ここで、有名な『法の哲学』を書いた。が、それは、プロイセンの絶対主義国家を、正しいものとして理論づけるような性格を、もっていた。ヘーゲルに反旗をひるがえして唯物論をとなえ、マルクスに大きな影響をあたえた、フォイエルバッハという哲学者がある。そのかれも、ベルリン大学でヘーゲルの講義をきいた。そのさいかれは、ヘーゲル哲学の雄大にして深遠な思想にみせられ、哲学に一生をささげようと決意したといわれる。マルクスがベルリンへ遊学したときには、ヘーゲルは、すでに世を去っていた。にもかかわらず、ヘーゲル哲学は、いぜんとして、ベルリン大学、いなドイツ哲学を支配していた。哲学の論は、ヘーゲル哲学を中心にし軸にして回転し、ふっとうしていた。

青年マルクスは、父の意にそって法学部に入学し、法学に関する講義をきくことにした。しかし多感のかれには、どうも法学の勉強よりは、詩や小説や戯曲を書くことの方へ気が進むのであった。わけてもこんどは、はるか郷里にいるフィアンセ、イェニーのことが思われてならなかった。むりもない。かの女を信じるとはいえ、まだ二二歳そこそこのかの女は、父いがいには婚約に好意をもたぬ家庭のなかで、日々をすごさなくてはならなかった。二人の間には、文通する自由もじゅうぶんには許されなかったようである。イェニーは、しばしば、友であり、またマルクスの姉であるゾフィーをたずねた。この姉ゾフィーからの手紙は、そしてまた父の便りは、「君主といえども、カールに対するかの女の愛情を変えさせることはできない」と、心の落ちつかぬマルクスを慰めている。みずからの慰めのために書かれたたくさんの詩、イェニーにささげる「愛の詩」が、ベルリンからトリールへ送られる。逆に、その詩集をうけとって喜びに泣くイェニーのことをつづった姉の手紙が、トリールからベルリンへ。ひとは、カールとイェニーのロマンスを語るには、ことかかないであろう。

迷いの生活と勉強さ

一八三七年一一月一〇日、父に宛てたきわめて長い手紙は、ベルリンでの一年間の、多感な生活と研究のもようを、くわしくつたえている。それには、次のようなことが書かれている。

ベルリンについたマルクスは、いままでのつながりをいっさいたちきって、ひたすら学問と芸術に没頭しようとする。しかし、かれの精神状態は落ちつかない。イェニーを思慕し、はるかなふるさとに思いをはせるのである。そこではとうぜん、詩、しかも理想主義的でロマンチックな抒情詩が、まず最初の主題とならないわけにはいかなかった。少なくともそれは、もっとも快い、身近かなものであった。しかし詩は、ようするに、たんなる伴奏にとどまらなくてはならない。かれは、法律学を勉強しなくてはならないのである。ところが、法律の勉強とともに、哲学と取りくもうという衝動が、頭をもたげてくる。法の勉強を通して、哲学なしにはとうていやって行けないということを、はっきり知るようになる。こうして、安んじて哲学の腕にだかれ、哲学に熱中する。いうまでもなくその研究の中心をなすものは、当時の支配的なヘーゲル哲学であった。

　現にあるものと、まさにあるべきものとの対立でものごとを考える考え方（たとえば、われわれが現に行なっている行為と、なさねばならない行為とを対立させるごとき）では、真実をとらえることはできない。カントやフィヒテなどの、いわゆる観念論《イデアリスムス》に固有な考え方は、神と地球とを引きはなすものである。マルクスは、このような、現実からかけはなれた神を引きさき、新たな神を持ちこまなくてはならなかった。対立的にものごとを考えるイデアリスムスからはなれて、現実そのもののなかに神的なもの（理念）を求めようとした。以前には、神々が地球からはなれた天空に住んでいたとするなら、いまや神々は、地球の中心になったのである。神はどのようにしてみずからを展開するか、神はどのようにしてみずからを、宗教として、自然として、歴史としてあらわすか。それこそは、まさにヘーゲル哲学の問題である。マルクスは、ヘーゲルの断片を読んだ。だが、ヘーゲル哲学のグロテスクな、ごつごつした調子は、気にくわなかった。そこで、マルクスは、みずからこの仕事に立ち向かっていった。そのために、あるいはその間に、歴史や法や文学や自然など、各種の本も読みふけった。読んだ本から抜き書きを作るというマルクスの習慣は、このころ身につけられていった。しかしその勉強はうまくいかず、徒労におわってしまった。新たな論理学となるべきこの仕事は、ただいたずらに、限りない心労の原因となった。「腹立たしさのあまり」とかれは書いている。「数日間、ぜんぜん考えることができず……〔ベルリンを流れる〕あのシュプレーの汚い水のほとりにある庭を、狂気のごとくかけ回った。」それから、かれは、もっぱら実証的な研究に没頭する。……

とにかくこのように、あれこれといろんなことをやり、いく晩も徹夜の勉強をした。多くの苦悩と戦い、いくたの内外の刺激にたえねばならなかった。そのうえけっきょく勉強は徒労におわり、おまけにイェニーが病気であるとのしらせをうける。この無理や心労が、身にこたえないはずはない。かれは、医者のすすめで郊外のシュトラロウへ転地をすることになる。

この療養の間に、かれは、ヘーゲルやヘーゲル学派の勉強をつづけ、ひと通り会得してしまう。ここシュトラロウで、友人たちとたびたび会合したことが縁になって、「ドクトル＝クラブ」というクラブに入ることになる。クラブには、大学の講師たちや、ベルリンでのもっとも親しい友、ドクター＝ルーテンベルクなどもいた。相反する見解の活発な論争は、マルクスをひきつけた。かれはしだいに、現代の世界哲学へ強く結びつけられ、それにとりつかれていった。こうして、マルクスに大きな影響をあたえることになる「ドクトル＝クラブ」の人たちと、知り合いになったのである。

だが、マルクスの末弟であるエドゥアルトの病状（結核）は思わしくないらしい。父の健康もすぐれないらしい。愛する母の苦悩はどんなであろう。そしてイェニーにも会いたい。これを思い、あれを案じ、父母を愛することのあついマルクスは、トリールの父母のもとへ帰省することを切望し、父の許しを乞う。「わたしたちの家族のまわりに横たわっている雲がだんだん退散しますように、わたしじしんおそらくあなたがたのそばで……深い、心からの関心と、測りえないほどの愛とを示すことが許されますように……お父さんが、また直ぐすっかりよくなられ、わたしじしんが、お父さんをわたしの胸におしあててなにもかもお話しできるようになりますのを祈りつつ」と、しずめることのできない帰心と父母を思う情とをもって、本文はおわっている。おそらく徹夜して書かれたであろうこの長い手紙のペンがおかれたのは、あけがたの四時であった。

もちろんこの手紙のなかに、イェニーへの愛情が、いたるところで顔をだしているのは、いうまでもない。新しい恋人を後に、わびしくベルリンに向かったこと。そのマルクスにとって、ベルリンの芸術は「イェニーほど美しくはなかった」こと。かの女の手紙がこなくて落つかなかったこと。なつかしい手紙の到着のこと。かの女の病気が心配であること。そしてかの女にあいたいこと、など。そこには、わだかまりのない真情が、うったえられている。そして、「わたしのいとしい、すばらしいイェニーによろしくおっしゃってください」との追伸がつづけられる。「わたしは、かの女の手紙を、始めからしまいまで、もうこれで十二へん読みました。そしていつも新しい魅力を見いだします。それは、すべての点で、また文章の上でも、女性から期待できるもっとも美しい手紙です。」

しかし、父の返事は、健康もすぐれなかったせいか、きわめて手きびしかった。父は、かつてビールのコップを脇において飲みふけったマルクスが、こんどは、あれこれの本をそばにおき、無秩序に読みふけっているのを叱っている。返事は、しんらつにも、こうきめつけている。果たすべき課題〔法学の勉強〕をわすれ、いろんな知識のまわりを、ぼんやりうろつきまわっているとは、まったくだらしがない。そんな無秩序のなかでは、イェニーの愛の手紙も、父の心からの、しかも涙で書かれた訓戒《くんかい》も、たばこのつけ木に使われているのであろう。こんなときに帰るなんて、ナンセンスだ！　と。やがて、弟はなくなったけれども、マルクスは、帰省をあきらめねばならなかった。

マルクス在学(1836〜41)当時のベルリン大学

ついで父からは、前のきびしい便りをわびるかのごとく、温情あふれる手紙が届く。――心ひそかに子の帰りをまっていた母や、姉ゾフィーの慰めの言葉がそえられて。わたし（筆者）にも、父母のひざもとをはなれて遊学していたおり、恋愛小説に読みふけって父に叱られた思い出がある。しかし、そのときほど親の愛を感じたことはなかった。涙をおさえてカールを叱る父の愛！　そのカールをいたわる母の愛！　わたしには、その真情がつたわってくるような気がする。

しかし、それからまもなく、一八三八年五月一〇日、マルクス二〇歳のとき、父はこの世を去ったのである。はるか遠いベルリンにいたマルクスは、トリールに帰ることさえできなかった。

講義よりも哲学にひかれる

ベルリン大学在学中、マルクスは、あまり講義にはでなかつた。だいたいドイツの大学には、年限もないので、学生は、悠々《ゆうゆう》と、好きな講義をきいたり、演習にでたりするのがつねである。長い休暇には、たいてい楽しい旅をして、見聞をひろめる。それにしても、マルクスの聴講は、少なすぎるようである。かれは、一八三六年一〇月（マルクス一八歳）の冬学期から、一八四一年四月の中ごろ（二三歳近く）、冬学期がおわるころまで、約四年半、在学した。九学期間（一年は夏・冬二学期制だから）在籍したことになる。そのうち、四学期は、それぞれ一つの聴講カードしか出していない。九学期の間に出された聴講カードは、計一三ほどにすぎないから、平均一学期に、一つ半程度の講義をきいたにすぎないことになる。さきにふれたごとく、聴講の大部分は、主として法律に関するものであるが、のちには、宗教や哲学に関するものも含まれている。最初の冬学期、自由主義的なヘーゲル派で、ややサン＝シモン（フランスの、当時の社会主義者）派的なところのある、ガンスの刑法をきいている。ガンスは、教授のうち、マルクスがもっとも尊敬した人であった。この講義と同時に、マルクスは、ザヴィニーの「ユスチニアヌス法典」を聴講している。この人は、のちに、マルクスによって批判される「歴史法学派」の学祖で、ヘーゲル主義に敵対する反動であった。両極端が聴講されたということは、まことに皮肉というほかない。

講義にはでなかった。しかしマルクスは、才におぼれて遊んでいたのではなく、病気にもなるほどの猛勉強をつづけていた。そしてその中心が哲学であり、ヘーゲル哲学であった。かれは、ヘーゲルに読みふけり、ヘーゲルにつかれていった。ただ快《こころよ》くないのは、父への便りにもあるごとく、「グロテスクでごつごつした」ヘーゲル哲学の調子である。そこでかれは、みずからヘーゲル流に、神の地上における展開（運動）の姿を論述しようとさえしたのであった。――失敗にはおわったけれども。マルクスは、のちほど、主著『資本論』のあとがきで、じぶんが偉大な思想家ヘーゲルの弟子であることを告白している。マルクスが、公然とみずからをその弟子と称している思想家は、ヘーゲルのほかにはない。

しかしマルクスは、ヘーゲルにとどまっていたのではない。マルクスは、ヘーゲルの哲学が逆立ちをしていること、したがって、逆立ちしているこの哲学を、もう一度ひっくりかえさねばならぬこと、に気がついていく。どういう意味で逆立ちをしているのかは、むずかしい論なので、あとにまわそう。が、とにかく、ヘーゲルにほれ、ヘーゲルにつかれていたマルクスが、この哲学の王者を批判し、これと別れ、これを逆転させてしまうのである。こういう、まさに思想上の大革命への途上で、マルクスにまず大きな影響をあたえたのが、「ドクトル＝クラブ」という交友関係であった。

ドクトル＝クラブでの交友

ドイツ人にとって、ビールやヴァイン（ぶどう酒）が日常のお茶のようなものであるように、学生もまたよく、ビールやヴァインをのむ。わたしも在独中、よく学生諸君といっしょにビールやヴァインをのんだ。その飲み方に二通りある。ひとつは、飲んで男女肩をくんで、民謡とか学生歌を合唱するのである。なかなか壮観で愉快でもある。あるいはこれは、ドイツ人の好きな団結——それは歴史のうえで、功罪の両面をもっていたが——の象徴でもあろうか。いまひとつは、さしづめ日本の喫茶店のようなところで、また学生食堂で、ビールやヴァインのコップを傾けながら、哲学の議論をたたかわすことである。留学中のわたしなどは、学生やドクターが話してくれるのに耳を傾け、それを理解するだけで、せいいっぱいだった。ところで、いま問題にしている「ドクトル＝クプラ」も、もともとは、後者のような、喫茶店か飲み屋での集まりと議論であったらしい。議論の中心は、いうまでもなく、流行のヘーゲル哲学であったろう。ヘーゲルはすでに死んでいたが、ヘーゲル哲学は、いぜんとして流行の哲学であり、思想界に君臨する王者であった。

「ドクトル＝クラブ」は、まだ三〇歳になるかならぬかの若い講師、ブルーノー＝バウエルを中心としリーダーとする、若いヘーゲル派の集まりであった。かれらは、あるいはビールの飲み屋《ロカール》で、あるいは、赤いジュウタンの喫茶店《コンディトライ》で、さかんにヘーゲル哲学を論じあった。自由な議論は、やがて、ヘーゲルの批判へとむけられていった。ことに、リーダーのバウエルは、当時、「ヘーゲル左派」あるいは「青年ヘーゲル派」とよばれた進歩的文化人グループの、ベルリンにおける旗頭であった。

ドクトル＝クラブは、またヘーゲル左派は、どのようにヘーゲルを批判していったのだろうか。

ヘーゲル哲学、とくにかれの『法の哲学』は、プロイセンの国家を絶対に正しいものとし、神聖なものとするような理論であった。だが現実には、いたるところに反動や弾圧があった。この現実が神聖で正しいなどとは、言えたぎりのものではなかった。歴史は動いていくものであり、運動するものである、とヘーゲル哲学はいう。（こういう考えかたが、ヘーゲルの「弁証法」という考えかたである。）だとするならば、この矛盾した不合理の現実を、神聖なもの、正しいものとして固定させることは、間違っているではないか。こういう立場から、ヘーゲル左派は、ヘーゲルを批判し、現実の反動に抗議した。かれらは、まず、ヘーゲル哲学のバックボーンをなし、ヘーゲル哲学と一体である宗教へと、ほこ先をむけた。かれらは、反動的な憲法改悪に反対して追放された、ゲッチンゲン大学の七教授を擁護するデモを行なった。そのデモのなかには、わがマルクスもいたと考えられる。

過度の勉強のため、郊外のシュトラロウで療養していたマルクスが、まもなくドクトル＝クラブに入会したいきさつは、さきの手紙のなかに書かれていた。進歩的なリーダーで、九歳ほど年上のバウエルのほか、親友ルーテンベルク、一〇歳ほど年上で、歴史にすぐれた同郷のケッペンなども、このクラブにいた。みんなマルクスより年上の、講師とかドクターたちであった。が、このクラブで、マルクスは、たちまち頭角をあらわし、この会を活気づけるようになる。このクラブは、やがて、バウエルとマルクスとによってリードされるようにさえなってくる。

ドクトル＝クラブをリードするマルクスは、やがて、ヘーゲル左派の俊英（シュトラウス、バウエル、フォイエルバッハ、ルーゲ、シュティルナーといった人たち）をもこえ、逆立ちのヘーゲルを正しくする道を、たどるのである。

だが、いまひとつ、仕事がのこっている。「ドクター」という学位のための論文をしあげることである。講義に出なかったマルクスも、そのための準備に忙殺《ぼうさつ》される。かれは、バウエルやケッペンの示唆《しさ》によって、ギリシアの哲学をとりあげることにした。しかし、かれの論文が完成するまえに、バウエルは、ボン大学の講師にうつってしまった。急進化したバウエルは、ベルリンを去り、比較的自由なボンへ、かわらねばならなかったのである。ボンで孤独をかこっていたバウエルは、マルクスへ手紙を送り、ドクトル＝クラブをなつかしがっている。また、早く学位論文をしあげて、ボン大学の講師になることを、すすめている。マルクスは、すでに一人で、新しいわが道を、きり開きつつあった。だが、バウエルは、マルクスをたよりにし、二人でともに闘かおうともくろんでいたのである。マルクスじしんも、バウエルといっしょに新しい進歩的な雑誌をだそうと計画していた。また、大学に職をえて、教師になりたいと願ってもいた。名のため、地位のためではない。哲学を研究して古いドイツを改革するためであり、社会の発展の動力となるためであったった。したがって、学位論文は、こういうプランないし願いのために、書きおえられねばならず、パスしなくてはならなかった。

なぜ古代哲学が問題なのか

一八三九年、やがて、二一歳にもなろうとしていたマルクスは、ベルリンで、すでに五ゼメスター（五学期）近くもすごした。ボン時代から通算すると、学生生活は、七ゼメスターにもなる。父は、すでに世を去った。イェニーは待っている。とうぜんのことながら、学位論文（「ドクター＝アルバイト」とよんでいる）を書きあげ、ドクターとなって世にでなくてはならなかった。

マルクスは、ものすごい勉強と、ドクトル＝クラブでの交友と、はげしい論争とを通して、自己をつくりあげていった。しかも、すでに頭角をあらわしていた。かれは、一八三九年のはじめごろ、ドクター論文の仕事にとりかかる。だが、けっきょく完成したのが、一八四一年の四月（二三歳）だから、やく二年半近くもかかっている。マルクスが、ものを書くのにしんちょうで、なかなかまとめあげないのは有名で、のちほどの無二の親友エンゲルスを、しばしば困らせた。このドクター＝アルバイトのさいにも、たくさんのばっすいや草稿をつくった。じじつ、できあがった論文も、いわば、もっと遠大なプランのうちの、未完の一部という形をなしている。

遠大なプランとは、ギリシア末期の哲学であるエピクロス派、ストア派、ならびに懐疑派のぜんたいを、全ギリシア哲学のなかで考察することであった。そして、提出された学位論文は、全体のプランの一部をなす『デモクリトスとエピクロスとの自然哲学の差違』というのであった。

それにしても、啓蒙主義者で、理想主義者で、そしてヘーゲル哲学に熱中しているマルクスが、なにを好んで古代ギリシアの哲学などを取りあげたのであろうか。さきに、ドクトル＝クラブでのバウエルやケッペンの示唆《しさ》があったことに、ふれた。では、バウエルやケッペンなどドクトル＝クラブの人たちは、どうして、エピクロスやストアなどの古代ギリシア哲学を、問題にしたのであろうか。

エピクロス派、ストア派、懐疑派などがあらわれた古代ギリシアの時代は、あのポリス（都市国家）が没落の危機にひんしているときであった。ポリス的な国家生活のなかに、市民としての生きがいや価値をみようとしたのが、プラトンやアリストテレスの哲学であった。だが、いまや、そのポリスも、没落の道をたどっている。そこで人は、ポリス的な市民生活や社会関係よりは、ただひとりの、精神の安らぎや静寂《せいじゃく》のなかに、幸福や尊さをみいだそうとしたのである。そういう個人主義的自己意識の哲学が、エピクロスや、ストアの哲学であった。

一九世紀のいまは、時代も状況もことなってはいる。しかし、ときは、まさに危機の時代であるといえよう。立ち遅れのドイツ、わけても保守反動の封建的プロイセンが、西欧から吹きよせる新しい近代市民革命ないし資本主義の嵐に、さらされねばならない時代であった。フランス啓蒙主義の洗礼をうけたドクトル＝クラブやヘーゲル左派の人たちは、プロイセン的なヘーゲルを批判し、ヘーゲル哲学といったいである宗教を批判していた。それは、まさに、人間としての自己、人間としての自己の啓蒙的な理性をよりどころにする自己意識の哲学であった。こういう意味で、ドクトル＝クラブの人たちには、エピクロスやストアや懐疑派など、滅び行くポリス時代の自己意識の哲学が、問題であったのである。ただ、古代ギリシアにあっては、個人主義的な安静や無情念が問題であった。それに反し、ドクトル＝クラブの青年学徒には、新しい時代のための、新しい人間的な自己意識（自覚）の哲学が、めざされたのであった。

ギリシア哲学にかんする学位論文

ところで、マルクスにとって、デモクリトスやエピクロスがなぜ問題だったのだろうか。そして、両者のちがいが、なぜ問題にされなくてはならなかったのだろうか。

デモクリトス（紀元前四六〇年ごろ〜三七〇年ごろ）という古代ギリシアの哲学者は、宇宙のいっさいのものが、アトム（原子）という最微粒子の運動によってなりたつとした。アトムは、無数の、また無限の形をもつ物質的な単位で、空虚《くうきょ》をみたし、無限に垂直に落下し、衝突しあっている。そういう運動で世界が生まれる。また、アトムの数や大きさや形から、いろいろの物体が成立する。宇宙や自然はもちろんのこと、人間の心、人間の行為など、すべてのもの、すべての現象が、こういう物質的なアトムの運動によるのである。したがって、すべては物質的であり、必然的であるとする。このように、世界のいっさいの現象、いっさいの物体（人間の心さえも）が、物質的なものであるとする考え方を、唯物論《ゆいぶつろん》という。デモクリトスは、さきのような考え方での、いわば、初期唯物論の完成者であったのである。こういう唯物論は、とうぜんのこととして、物でないような心とか精神とか神とかを認めることはできない。人間の心も、アトムの運動の一つの姿にほかならなかった。神は、人間がつくりだした誤った臆測《おくそく》にほかならなかった。こういう無神論が、神を信じ、神の権威によってみずからを権威づけ、みずからを守ろうとする貴族階級から、にくまれるのは、あたりまえといえよう。デモクリトスは、こういう貴族階級に対決し、自由と民主のためにたたかったのであった。

エピクロス（前三四二年ごろ〜二七〇年ごろ）は、デモクリトスのアトム的唯物論をうけついだ、ギリシア末期の哲学者である。唯物論者である以上、無神論者であることはいうまでもない。ただ、はたしてエピクロスが、唯物論者として、デモクリトス以上であったか否かについては、古来から論があり、エピクロスを低く、またきわめてわるく評価するものもある。が、マルクスは、エピクロスの唯物論的自然哲学を、デモクリトスのそれよりはすぐれており、進歩的であるとするのである。マルクスの学位論文は、エピクロスのそういうすぐれた点を明らかにしようとしたのである。それは、次の点にあった。

デモクリトスにあっては、いっさいは必然的な運動であって、そこに、自由というものはなかった。自由がないかぎり、そこに、物質の運動とはことなった人間の行為というものはみられない。だが、エピクロスは、アトムの運動のなかには、直線的落下運動や反発運動のほかに、直線から曲がってはずれる運動のあることを想定するのである。かれはそこに、いわばアトムの自発性をみたのである。こうしてかれは、自由とか、偶然とか、可能性というものを考えるのである。そこから人間の行為も、考えることができるであろう。エピクロスが、真の幸福であり、人生の目的とした「アタラキシア」(静かで安らかな精神状態)という快楽は、苦痛から曲がってはずれることによってえられる。善は悪から逃れることによって実現せられる。行為の目的は、まさに、曲がってはずれることである。こうしてエピクロスは、たとえ個人主義的であったとはいえ、自由や行為や自己意識を明らかにしたのである。唯物論的な必然性のなかで、自由や行為や自己意識を明らかにした点で、エピクロスは、デモクリトスよりすぐれている。かれこそは、ギリシア最大の啓蒙家というべきであろう。

以上が、マルクスによって、唯物論者エピクロスのなかにみられた、すぐれた点である。マルクスの学位論文は、唯物論者のなかの、こういう自由や行為や自己意識の問題をあきらかにすることであった。マルクスにとって、問題は、啓蒙であり、実践であり、社会の変革であったといえよう。そういう意味で、この論文は、まさに「行為の哲学」をうちだしたものともいえよう。行為ないし実践を、理論的に基礎づけようとしたのである。たしかに、この論文のなかに、ヘーゲル的な考えかたが、強くあらわれている。マルクスは、ヘーゲルのグロテスクな、いかにもごつごつした調子が気にいらなかった。にもかかわらず、ヘーゲルのミイラにとりつかれたところが多々ある。しかし、マルクスにとって、生きることはつねに働くことであり、働くことはつねに闘うことであった。そのマルクスは、エピクロスのなかに、エネルギッシュな活動的原理をみいだしたのである。そこには、青年ヘーゲル派的な自己意識とともに、啓蒙主義的情熱が、あふれているといえよう。しかし、まだ唯物論は、確立されてはいない。進歩的なこの啓蒙主義的情熱は、かつての少年時代からうえつけられた、あのフランス的啓蒙主義にねざす情熱であったであろう。

学位論文は、母校のベルリン大学ではなく、イェーナ大学に提出されねばならなかった。というのは、ベルリン大学の創設にも力をつくした文部大臣、アルテンシュタインは、一八四〇年五月に世を去り、あとに、保守的なアイヒホルンが、すわっていたからである。アイヒホルンは、バウエルをボン大学から追放するのに、あとおしをしたような人である。

とまれマルクスは、一八四一年四月一五日（二三歳）、イェーナ大学哲学部より、ドクターの学位をさずけられ、ボンいらい五年半にわたる大学生生活の幕をとじるのである。父なきあと、マルクスは、ひとしおイェニーの父をなつかしんだのであろうか、それとも幼少からの教導に感謝するためであろうか、学位論文は、この父に捧げるコトバでかざられている。「親愛なる父にして友である……トリールのルードヴィヒ＝フォン＝ヴェストファーレンにたいして、愛のしるしとして」捧げる、と。

まずは、めでたしめでたしだが、めでたくはなかった。学位は、秀才マルクスのはなやかな出世の門出とはならなくて、苦難にみちたこれからの生涯の、出発点をなすものであった。

Ⅱ

波らんといばらの道

――理論形成と実践活動――

青年ヘーゲル学派

君臨したヘーゲル哲学

一八一八年ベルリン大学にまねかれ、プロイセン的な国家を哲学的に神聖化したヘーゲルは、まさに当時の思想界に君臨する大御所《おおごしょ》であった。

ヘーゲル(1770〜1831)

かれの哲学の方法は、有名な「弁証法」というやりかたであった。かれによれば、この世界のすべてのものは、絶対なるもの——かれはそれを「精神」とみなした——が、自分自身を、よりいっそう合理的にし、よりいっそう自由にし、よりいっそう完全なものにしあげていくプロセスであり、運動であった。運動し変化していくのは、矛盾があらわれるからである。ある一定の状態は、そのなかに矛盾をふくむことによって、それを解消して、矛盾のない状態へと進んでいく。世界のいっさいを、このように、プロセス的な運動ないし関係として把握していくやりかたが、まさに弁証法なのである。心も自然も社会も、すべてこのようにして運動し発展する。このような運動の姿を、論理的にのべたのが、まさに、ヘーゲルの哲学であった。かれのベルリン時代の主著『法の哲学』のなかに、「理性的なものは現実的であり、現実的なものは理性的である」という有名なコトバがある。かれによれば、世界のいっさいが精神（理性）の自己発展であり、自己完成であった。そうであるいじょう、合理的・理性的なものは、現実となってあらわれなくてはならないし、逆に現実のものは、そういう合理的・理性的なものの展開として、合理的・理性的なものをふくんでいるはずである。

ところでヘーゲルは、さきの『法の哲学』で、国家という現実を、こういう精神ないし理性の最高の完全な姿としてとらえた。当時すでに西欧諸国、わけてもイギリスやフランスにおいては、資本主義ないし市民社会の矛盾（悲惨な姿）があらわれはじめていた。ドイツにおいてもそうした兆候はみえはじめていた。ヘーゲルはそれを知っていた。かれは考えた。市民社会というものは、イギリスやフランスに見られるように、各人が、自由・平等の立場でみずからの欲望の満足を追求し、そのかぎりで相互に依存しあっている「欲望の体系」である。しかし、こういう欲望の追求というものは、互いに衝突し、互いに相争わなくてはならない。そこで、国家というより高い段階に進み、国家によって、そうした矛盾や相剋《そうこく》は解消され、解決されなくてはならない。そこでこそ人ははじめて、真の自由を得、ほんとうに理性的な現実に接するのである。まさに国家こそは、地上における最高の理性であり、自由の実現なのである、と。

そしてそういう国家のモデルないし原型が、ほかならぬプロイセンの、立憲君主制国家であったのである。フリードリヒ啓蒙君主が没してからすでに久しい、当時のプロイセンは、なるほど名は立憲君主制であった。しかし実は、ウィーン会議後の、神聖同盟的反動と保守の支配する、立ち遅れた国家であった。そもそもヘーゲルがベルリンへ招かれたのは、ともすれば、啓蒙主義的急進的な政治運動に走ろうとする青年を、教化するためであったともいわれる。じじつかれは、さきにのべた「全ドイツ学生同盟」の自由主義的な運動にも、反対したのであった。それにもかかわらず、人は、かれの講義をきくためにベルリンへ集まってきた。のちほど有名になっていくフォイエルバッハも、またその一人であった。かれは、やがてヘーゲルに反旗をひるがえして、唯物論者となり、マルクスをはじめ多くの思想家に影響をおよぼしていく。その学生フォイエルバッハも、ヘーゲルの講義には、まったくとりつかれて、耳を傾けたのであった。プロイセンは、西の方から吹きよせるフランス革命的な自由主義・啓蒙主義におびえ、それをおさえようとした。が、ここに、頭のなかだけの自由や理性や発展をとき、そういうものとしてプロイセン国家を正当化する哲学者、ヘーゲルをもったのである。プロイセンは、まことにふさわしい哲学者を手にいれたものといえよう。

ヘーゲル批判

だが、変化と運動をといたヘーゲルは、一八三一年、流行のコレラのため急死した。そして、世を風靡《ふうび》した権威も、批判のまえにさらされなくてはならなかった。かれの没後、その理論を奉ずる人たちは、右派と左派と中道派とにわかれていった。その左派こそが、自由主義的・啓蒙主義的・進歩的な若いヘーゲル研究者のグループ、「青年ヘーゲル学派」であったのである。さきにのべたバウエルとか、シュティルナーとか、ルーゲとか、フォイエルバッハとか、シュトラウスなどといった、そうそうたる青年が、この学派に属する人たちであった。

さきにふれたごとく、ヘーゲル哲学に熱中していた学生マルクスは、ドクトル＝クラブを通して、青年ヘーゲル派へかかわりをもっていった。クラブのリーダー格であり、マルクスと相互に信頼しあっていたバウエルが、ベルリンにおける青年ヘーゲル派の旗がしらであった。

「理性的なものは現実的であり、現実的なものは理性的である」と、ヘーゲルはいった。この世を支配しているものが、精神ないし理性であり、それの自己展開が世界のすべてのものであるかぎり、理性的なものは、現実となってあらわれ、現実として存在し、現実として展開しなくてはならない。そういう理性的なものの自己展開として、現実に存在するものは、理性的なものをふくんでいる。そうだとするならば、理性的・合理的でないような現実は、批判され、否定され、変革されなくてはならない。

ところがヘーゲルは、現実的なもの（プロイセンの現実の国家のようなもの）のなかに、最高の理性的なものをみようとした。この現実（ドイツ的現実）こそが、この現実のみが、真に理性的・合理的であるとするならば、それは現実の無条件の肯定である。立ち遅れ、ゆがめられた現実への、無条件の妥協である。まさに、現実にたいする哲学の迎合であり、現実と哲学との和解・宥和《ゆうわ》である。立ち遅れて、封建的なものを残存しているドイツ社会、保守反動的なこの国家！　哲学は、この現実を、それこそ理性によってててっていてきに批判すべきである。このように、青年ヘーゲル学派の人たちは、ヘーゲルを批判していった。理性によって現実をみ、現実をはかり、現実を批判していこうとする態度は、まさにあのフランス啓蒙主義の考えかたであるといえよう。

マルクスは、啓蒙主義的・自由主義的なときとところと人のなかではぐくまれ、みずからを啓蒙主義的・自由主義的に形成してきたのであった。そのマルクスが、啓蒙主義的・自由主義的な考えをもつドクトル＝クラブに近づき、同調し、ともにヘーゲル批判に向かっていったことは、とうぜんのなりゆきといえよう。

批判の武器と目標

理性をよりどころとする啓蒙主義は、いわば、人間が、自分自身の主観的な確信、あるいは自覚をつらぬく立場であるともいえよう。近世哲学の祖といわれるデカルトは、「われは考える、それゆえ、この考えているわれは存在する」といった。疑っても疑っても疑いえないのは、疑っている（考えている）われがあるということである。デカルトは、こういうわれをもとにして、いろいろな問題を考えていった。自由主義的啓蒙主義も、こういう流れをくみ、考えるわれ、理性的合理的に考える個体的自我を尺度として、世の不合理や圧迫を批判し、排除しようとしたのである。わけても血気のさかんな青年ヘーゲル派の人たちは、ウィーン会議後の保守反動にたいし、フランス革命的な啓蒙の精神をもって立ちむかおうとしたのである。「ゼルプスト＝ベヴストザイン」（自覚、自己意識）というのが、かれらの合いコトバであった。それは、いまのべたような考えかた、つまり、われわれの自我の、自由で、自主的で、理性的な確信のみをよりどころにする考えかたの表現といえよう。したがって、啓蒙主義的青年ヘーゲル派の立場は、人間をよりどころにする「人間中心主義」ともいえよう。かれらは、神秘とか、超自然的なものとか、超人間的なものをきらい、現実の生きている人間の立場からものを見、ものを考え、ものをとらえようとした。しかしこのような人間は、動物とことなり、個人だけのことを考えるのではない。動物のごとく欲求のままに生きるのではない。人間は、人間の本質を考える。つまり自己意識は、個人だけのことにとらわれず、また個人だけのことを考えるのでなく、人間というものの全体、人間という類、人間というもののほんとうのありかた（人間の本質）を考える。そして、それにふさわしく自己を自由に形成しつくりあげていく。そこに人間というものの、動物と異なった意味がある。こういう人間の自由、人間の特色、人間の本質、人間の全体（類）を考えるような人間のありかたを、かれら青年ヘーゲル派は、このんで、「ガッツングス＝ヴェーゼン」（「類的存在」あるいは「類的本質」と訳されている）としての人間、というコトバであらわした。

こうしてかれらは、啓蒙主義的・自由主義的な、自己意識・人間主義・類的存在……といった考えかたをよりどころにして、ヘーゲルを批判していった。そして、こうした自由・自己意識・人間らしさ・類的本質……の失われた状態が、かれらのいう、人間の「自己疎外《そがい》」であった。そして、かれらはいう。現実がまさに、このような、人間の自己喪失としての自己疎外なのである、と。

もちろん、ヘーゲル哲学のなかにも、自由とか、理性とか、自己意識とか、さらには疎外からの回復、などといった考えかたはある。しかし、ヘーゲルは、それらのまったき実現のすがた、つまり真の自由と解放を、さきにのべたごとく、国家においてみたのである。こうして、国家は絶対のものとなる。しかもこの国家は、あるべき理想の国家ではなく、プロイセン国家をモデルとするような現実の国家であった。こうしてヘーゲルは、不合理なもの、非理性的なもの、反人間的なもの、保守や反動や弾圧や不自由なもの、などの存しているこの現状に妥協した。それのみか、この現状を美化し絶対化し神聖化してしまった。そこで、これを批判し、これに抗しなくてはならない。

しかし、こういうヘーゲル批判は、同時に、現状への批判と抗議につながり、それに関係しないわけにはいかなかった。じじつまた、批判派の理論批判の背後には、現状にたいする抗議という問題意識がふくまれていた。そうであるかぎり、批判派の道は、ときの権力による弾圧にさらされるという、いばらにみちたものとならなくてはならなかった。シュトラウス、バウエル、ルーゲ、フォイエルバッハ……など、いずれも大なり小なりそういう道を歩むのである。やがて青年ヘーゲル派をささえこえていくマルクスの前途が、どんなにきびしい苦難をはらんでいたかは、およそ想像がつくであろう。

ほこ先はまず宗教へ

ヘーゲル哲学の「精神」ないし「理性」を、キリスト教の「神」でおきかえてみても、すこしも奇異ではなかろう。キリスト教は、じつは、ヘーゲル哲学の根本をなし、ヘーゲル哲学の背景であったのである。ヘーゲルは、晩年の宗教論で、宗教こそは、あらゆる疑いをとき、あらゆる秘密を明らかにし、あらゆる嘆きをしずめるものであり、宗教のなかにこそ、永遠の真理、永遠の思想、永遠の平和がある、と語っている。いわば、キリスト教が具体的・感覚的に表現したものを、ヘーゲル哲学は、概念をもって表現したにすぎないともいえよう。このように、ヘーゲル哲学は、キリスト教といったいなのである。とするならば、ヘーゲルを批判し、それをのりこえていくためには、まず、どうしても、ヘーゲル哲学の隠された本体ともいうべきキリスト教を、批判しなくてはならない。まず、そこから、はじめなくてはならないのである。

しかし、現にキリスト教は、人びとの日常生活のなかに浸透し、それを左右している。さらに、現実の、絶対主義的な保守反動のよりどころである神聖同盟は、キリスト教の正義・友愛の精神のもとに結ばれたものであった。フランス啓蒙主義の反動である神聖同盟は、キリスト教の名のもとに、自由主義を弾圧したのであった。学生同盟事件、ゲッチンゲン大学七教授事件などは、この弾圧に抗議して敗れた事件であった。したがって、ヘーゲル批判が、同時に国家批判・政治批判に関連していったごとく、ヘーゲル批判のための宗教批判は、また同時に、現実の国家や政治への批判につながっていったのである。逆にいうならば、自由を守り、啓蒙主義をてっていしていくためには、どうしても、現実のキリスト教を、理性的に、自己意識的に批判し攻げきしないわけにはいかなかった。ようするに、ヘーゲル哲学と、キリスト教と、現実の国家ないし政治とは、いったいをなし、関連しあっているのである。したがって、その関連項の一つにたいする批判・攻げきは、他の項へのそれに関連し、他の項の批判・攻げきをふくみこんでくるのである。こういう相互関連のなかでのキリスト教へ、青年ヘーゲル学派（ヘーゲル左派、ヘーゲル批判派）は、まず批判のほこ先を集中させていったのである。批判のための矛《ほこ》は、いうまでもなく啓蒙主義的理性であり、自己意識であり、人間主義であった。

神は人間がつくったもの

まず、シュトラウスは、『イエスの生涯』(一八三五)をあらわして、ヘーゲルならびにキリスト教の批判をはじめた。かれは、イエスを人間として解釈し、聖書のなかの物語は、つくりあげられた神話にすぎないとした。人間は、一個人としてみれば、生まれて死んでいく、無力な存在である。しかし、人間全体、人類としてみれば無限である。人類としての人間は、自然を征服し支配し、より高い精神生活に高まっていく。こういう人類の理想を、ユダヤ民族の初期キリスト教団が、イエスという人間に即してつくりあげた神話が、聖書であり、キリスト教なのである。このようにシュトラウスは、人間の立場、理性の眼から、ヘーゲルの宗教観やキリスト教そのものを批判したのである。いうまでもなくこの書は、当時の人をおどろかし、おそろしい危険思想として、全ヨーロッパに、大きなショックをあたえずにはおかなかった。にらまれたシュトラウスは、一生、大学の教職につくことはできなかった。

バウエルは、かつては、ヘーゲル右派に属し、その立場からシュトラウスを批判し、ときの政治権力にほめられたこともあった。しかし、するどい批判的頭脳をもったかれは、まもなくシュトラウスをもこえて、左の方へ進んでいった。シュトラウスにとっては、イエスは歴史的人間であった。が、バウエルは、イエスの神聖はもちろんのこと、その歴史的存在も否定した。聖書からいっさいの歴史を抹殺《まっさつ》してしまい、聖書を、苦悩する民衆の文学作品であるとするのである。かつて、ギリシア社会の没落の時代に、エピクロス派とか、ストア派とか、懐疑派といった哲学の諸派が生まれた。それは、ポリスの崩壊という絶望のなかにあった人間が、個人的な自己のなかにとじこもり、動揺しない自己意識のなかに安心立命をえようとするものであった。いまローマの没落のなかで、労苦と窮乏のなかにあえぐ人民は、かの自我をも喪失して、あらゆる世俗的な力の上に位する全知全能の主を描きあげたのである。聖書は、まさにこのような民衆の苦悩の、精神的つくりごとにほかならない。バウエルは、このように、聖書を解釈し批判する。そのバウエルは、ベルリン大学を追われ、さらにボン大学をも追われて、大学教師の座から見すてられねばならなかった。

フォイエルバッハ(1804～72)

キリスト教が、いっぱんに宗教が、人間の問題であることを、よりいっそうてってい化したのが、フォイエルバッハである。かれは、一八四一年、わがマルクスが大学生活に別れをつげる年に、『キリスト教の本質』をあらわした。それは、まさに宗教批判での画期的な作であった。同時にそれは、フォイエルバッハの唯物論的傾向を宣言するものでもあった。

いっぱんに、いままでのものは、シュトラウスにしても、バウエルにしても、聖書解釈ないしキリスト教の解釈であり、そういうわく内での批判であった。ところが、フォイエルバッハは、さらに進んで、宗教いっぱんを問題にする。しかも積極的に、「神が人間」であり、「神学が人間学」であることを主張する。かれによれば、神といい、神の本質というも、それは、現実の彼方《かなた》に、独立のものとして直観され崇拝された人間、人間の本質いがいのなにものでもない。人間は、みずからの苦悩、みずからの願望、みずからの姿、みずからの理想を、神として構想する。したがって人間こそが、宗教のはじまりであり、おわりである。人間が宗教をつくるのであって、宗教が人間をつくるのではない。キリスト教の本質は、人間の本質なのである。ところが、人間は、宗教をつくり、神をつくりあげることによって、逆にそれに支配され、それの奴隷となる。みずからつくりあげたものによって拘束され、従わせられる。いわば、宗教によって、神によって、人間はみずからを喪失してしまう(宗教による人間の「自己疎外」＝自己喪失)。それゆえ、われわれ人間は、自己意識によって、失われた自己、失われた人間を取りもどさなくてはならない。この現実の人間、この生きた具体的・感性的・肉体的人間を回復しなくてはならない。この生きた人間は、動物のように本能のままに動くのではなく、人間という類、人間というものの全体や本質を考える。そういう角度から自由に行動し、みずからをつくりあげていく特有の生物である（類的なものとしての人間）。こういう人間を取りもどすためには、キリスト教や宗教が、じつは、この生きた具体的人間の姿であり、本質にほかならないことを自覚するにある。したがって、神学の秘密は人間学である。そういう秘密をあきらかにして、神学を人間学としてつくりかえなくてはならない。こういう人間学こそが、ただひとつの哲学、自己意識の哲学である。そのような自己意識（自覚）によって、人間はみずからを宗教から解放し、地上のかれ自身に復帰しなくてはならない。そこでこそ人間は、疎外《そがい》された自己をとりもどして、真の現世的幸福を得ることができる。このように、フォイエルバッハは、唯物論的な、感性的・具体的人間の立場から、キリスト教ないし宗教を批判した。かつて、ベルリン大学で、ヘーゲル哲学にみせられたフォイエルバッハは、唯物論的人間論によって、ヘーゲルを批判し、ヘーゲルをこえていったのである。

政治批判へ

こうして、バウエルやフォイエルバッハは、人間主義をてっていしていった。しかしそこには、人民とか、民衆とか、類的人間といった一般的普遍的人間が考えられていた。それは、まだ、頭のなかで考えられた、いわば観念的人間であり、真の自我ではない、とシュティルナーはいう（『唯一者とその所有』一一八四五—のなかで）。かれは、そういう一般的人間の神聖化のなかに、まだ、神を神聖化する宗教的信仰ないし迷信が残っており、真の個体的自我が忘却されているのをみた。シュティルナーにとっては、個体的自我こそがほんとうの、かつただひとつの実在なのである。この個人的な自己の確立こそは、神や一般的人間によって忘却された自己を取りもどすことである。自我いがいのもろもろのものは、自我に同化され、自我に仕え、自我の所有に帰するかぎりにおいてのみ、価値を有するのである。したがって、神、法皇、皇帝、国家、社会、家族などは、自我のまえで消却されるべき亡霊である。シュティルナーは、このようにてっていした個我主義から、宗教や宗教に類する考えかたを批判し、無政府主義的考えかたに到達した。それはすでに、政治の批判である。

なお、青年ヘーゲル学派の機関紙ともいうべきものは、ルーゲによって創刊された（一八三八）『ハレ年報』であった。ルーゲは、あのウィーン会議後にできた「学生同盟」の出身で、六年間も牢獄生活をよぎなくされた。そうであるだけに、かれは、現実のプロイセン国家を肯定し神聖化し絶対化するようなヘーゲル哲学にたいしては、がまんできなかった。かれは、現にある国家と、あるべき真の国家とははっきり区別され、前者は後者によって批判されねばならないと考えた。シュトラウスやフォイエルバッハなど青年ヘーゲル派の執筆者を集めた『ハレ年報』は、やがて、プロイセンのにらむところとなった。名を『ドイツ年報』と改めてつづけられたが、それも二、三年ばかりでつぶれてしまった（一八四一）。

青年ヘーゲル学派の、こうした宗教批判ないし政治批判のなかで、マルクスはみずからの思想を形成していく。そしてまた、時とともにかれらをこえていくのである。バウエルやルーゲは、マルクスがわけても親しく交わった人であった。フォイエルバッハは、かれに大きな影響をあたえ、ヘーゲルをひっくりかえすための唯物論的考えかたを教えた人であった。だが、マルクスは、やがてこうした人たちとも、理論のへだたりを介して、別れていくことになる。シュティルナーも批判されることとなる。それは、マルクスが、青年ヘーゲル派の啓蒙主義的自由主義から唯物論へ、唯物論から唯物弁証法へ進んでいくプロセスである。他面からいうなら、宗教批判から政治批判へ、政治批判からブルジョア社会そのものの批判と革命的実践へ歩を進めていく道程である。

『ライン新聞』での体験と反省

現実問題のただなかへ

マルクスの師であり、友であり、同志でもあるブルーノー＝バウエルは、その急進的な聖書批判のため、ついにボン大学講師の地位を、追われてしまった。青年ヘーゲル派の機関紙ともいうべき、ルーゲ編集の『ハレ年報』は、弾圧をまぬがれるために、ライプツィヒからドレスデンへ居を移し、名も『ドイツ年報』と改めなくてはならなかった。アルテンシュタインが死し、アイヒホルンが文部大臣につくとともに、反動的弾圧は、強められてきたのである。かつて、大学教師たることを願い、学位論文をパスしたマルクスは、ここで、大学の講壇に立つことを、あきらめなくてはならなかった。

学生生活に別れをつげたマルクスは、ベルリンを去り、いったんトリールに帰郷する（一八四一年四月から七月まで滞在、二三歳）。が、まもなくボンにやってきて、職を追われたバウエルと、また親しい交わりをつづける。

ちょうど、そのころのことである。ライン地方の新興ブルジョアジーによって、『ライン新聞』の発行のプランが進められていた。さきにもふれたごとく、後進ドイツのなかで、ライン地方は、もっとも近代的産業、とくに工業の発達していた地域であった。ブルジョアジーの経済的な力もたくわえられていた。それにもかかわらず、それに相応する政治的な発言力や権利は、まだあたえられてはいなかった。そこで、ブルジョアジーは、自分たちの政治的発言の場として、『ライン新聞』の発行を思いたったのである。プランは、ヘーゲル左派でフランス社会主義にも通じていたモーゼス＝ヘスの指導のもとで、かれの思想的影響下にあったユンク、オッペンハイムらによって進められた。ユンクは、ケルン地方裁判所の陪審員であり、オッペンハイムは、この地方の法律家である。ヘスから相談をうけたマルクスは、ベルリンのドクトル＝クラブでの仲間、ルーテンベルクを、編集主任として推せんした。ときあたかも、一八四〇年に即位したフリードリヒ＝ヴィルヘルム四世は、四一年の二月には、数年間も停止されていた、プロイセン（八州）の州議会を召集した。また一二月には、一八一九年いらいのきびしい検閲をいくぶん緩和するにいたった。ちょうど時機はよい。あけて四二年一月一日、新興ブルジョアジーの機関紙『ライン新聞』（正しくは、『政治と商業と工業のためのライン新聞』）は、発行をみるにいたった。こうして、いまやマルクスを中心とする青年ヘーゲル派は、ライン＝ブルジョアジーのイデオローグ（代弁者）として、活躍することとなったのである。

当時、マルクスはボンに住んでいた。が、一〇月には、ケルンに転居し、一〇月一五日、ルーテンベルクにかわって、新聞の編集主任（編集と主筆をかねたもの）につくことになる。ときに、この地ケルンでは、ローマ＝カトリックの代弁紙である『ケルン新聞』が、『ライン新聞』の反宗教的傾向を攻げきしていた。また、競争紙である『アウグスブルク一般新聞』は、『ライン新聞』はアカだと、宣伝していた。フォイエルバッハの有名な『キリスト教の本質』は、すでに前年の四一年に世にでていた。「神は人間の意識の表現であり、したがって神学は人間の学にほかならない」とするこの著は、大きな反響をよんでいた。そして、立ち遅れのドイツのなかでは、封建制の残りかすや封建的権力と、新しいブルジョアジーとの衝突がみられ、浸透してきた資本主義の矛盾があらわれはじめていた。マルクスは、いやでも人間の世へ下りてこなくてはならなかった。わけても「新聞」というジャーナリズムのなかでは、どうしたって現実問題にぶつかり、それと対決しないわけにはいかなかった。

検閲は可か不可か　一八四二年五月五日付『ライン新聞』紙上の、マルクスの論説は、「出版の自由と州議会の議事の公表とにかんする討論」というのであった。

ちょっと事情を説明しておこう。フリードリヒ＝ヴィルヘルム三世（一七九七年から一八四〇年まで在位）は、当初、農民解放をはじめ、いわゆる「上からの改革」を行なった。また治世中、プロイセン＝ドイツの関税同盟を成立させ、のちのドイツ統一のいとぐちをつくった。しかし優柔不断で、ナポレオンに抗して破れ、領土の半ばを失った。ウィーン会議後は、いわゆる神聖同盟のなかで、メッテルニヒの支配のもとに、保守反動をおし進めた。一八一九年いらい、きびしい検閲令のもとで、言論の自由を圧迫したのであった。新たに台頭してきたブルジョアジーの要求におされて、やむなくライン州議会を設けはしたが、それも、一八三七年いらい一度も開かれず、有名無実であった。しかも、その名のみの州議会は、当時の封建的身分制度を反映して、議員の六分の三は騎士身分、六分の二は都市身分、六分の一が農民身分というのであった。さらに、都市身分の被選挙権には、一〇年間の同一土地所有というわくがあった。ところが、新しい王、フリードリヒ=ヴィルヘルム四世は、さきにのべたごとく、四年ぶりで州議会を召集したほか、出版検閲も緩和した。さらに、これと関連して、州議会の議事録の公表を許したのである。そこで、さきのような身分議員によって構成されている州議会は、この、出版の自由（といっても検閲の緩和）や議事録の公表に反対し、その弊害を強調したのであった。

それにたいして、マルクスは、次のように、痛烈な批判を向ける。

かれら議員は、出版の自由という要求が、国民の粗野で、不謹慎《ふきんしん》で、利己的な考えにもとづくものとして、嫌悪《けんお》し、論難し、排斥する。しかし、ほんらい自由は、人間という類の本質（類的本質）である。それゆえ自由な出版こそは、また人間の本質の実現であり、人間の特権である。ところが検閲は、毎日毎日、出版物をいじくりまわし、個人の精神的肉のなかへメスを入れ、言いなりになる身体だけを、健全としてパスさせている。こういう検閲は、人間の自由のため、人間の本質を実現するため、排斥されなくてはならない、と。

マルクスは、このように、身分制議会の議員の検閲論や秘密主義に反対して、出版の自由を主張するのである。

この検閲不可論を発表してまもなくのこと、マルクスの第二論説「教会的紛争」は、皮肉にも検閲にひっかかって、世にでることができなかった。マルクスは、権力者のこの卑劣なやりかたにたいするふんまんを、ルーゲ宛の手紙のなかで吐露している。

理性による現実の批判

青年ヘーゲル派は、現実の政治や、国家や、ヘーゲル哲学などの背景ないし支柱をなしているキリスト教へ、批判の矛《ほこ》を向けた。フランス啓蒙主義的・急進自由主義的な理性、あるいは自己意識という矛をもって。そして、いま、急進的な青年ヘーゲル派の中心であるマルクスは、この武器をもって、現実と対決していったのである。しかも、直接、なまなましい政治や議会や出版の自由という問題と、とっくんでいったのである。そこでは、もはや、かつてのドイツ自由主義者のように、自由を、想像や観念の世界でいじくりまわしているわけにはいかなかった。自由を、天空から地上におろし、哲学論議から現実問題へ移さなくてはならなかった。

マルクスは、自由の実現のなかに人間の本質をみた。自由の展開・発展のなかに、人間という類のほんとうの姿（類的本質）をみた。そのために、出版の自由、言論の自由、議事録の公表が必要だとした。そのために、出版の検閲や議会の秘密主義を批判し非難した。それは、この現実、この世界を、自由なる精神の自己実現の運動とみるヘーゲルの考えかた（弁証法）にそっている。ただヘーゲルは、この現実、この現実の歴史を、自由の実現としてひややかに観察し、解釈し、理論づけようとした。そういう、いわば見る立場が、いまの現実を、自由の実現された完全な姿として、絶対化してしまうことになったのである。

それに反し、青年ヘーゲル派には、人間の本質の失われた現実に、理性的批判という武器で立ちむかおうとする情熱があった。理性によって現実を改めようとする、フランス啓蒙主義的意欲があった。いわば、働く立場ないし実践的情熱があった。そしてその姿は、マルクスの、『ライン新聞』でのとりくみかたに、もっともよく現われているといえよう。

だが、こういう批判的武器は、だんだんその無力をあらわしてこないわけにはいかなかった。マルクスは、『ライン新聞』に執筆し、それを編集していくうえで、そういう無力さに、つきあたらなくてはならなかった。かれは、もっとなまなましい地上の現実のなかで、もっとなまなましい利害対立や、矛盾にふれなくてはならなかった。

すでにここに小繋《こつなぎ》事件が

岩手県の東北本線の一小駅に、「こつなぎ」というのがある。半世紀にわたって世にさわがれた「小繋事件」というのは、ここの近くにある小繋山の入会権《いりあいけん》をめぐっての争いである。小繋山は、もと旧南部藩の藩有地であった。貧しい小繋部落の農民たちは、すでに徳川時代から、この山へはいって建築用材やマキや雑草などを採取するという、いわゆる入会慣行ないし入会権を行なってきていた。ところが、明治になり、近代的な私有制が確立されるとともに、村民が共同で使用していたこの入会地は、ある個人の私有地となってしまった。所有者は所有者として、この山を自分のために自由に処分できる所有権を行使しようとする。しかし、他方、山へはいらなければ生きていけない農民たちは、入会をつづけ、入会権を主張する。小繋事件は、こういう二つのあいだの争いであり、矛盾の衝突であったのである。

いまより約一二〇年前、ライン州の議会（第六回議会）は、慣行にしたがって木材（枯木や枯枝をもふくめて）を採取したものの取りしまりや罰則について討論しているのである。わがマルクスは、その討論や採決にたいし、また、批判と反論をしないわけにはいかなかった。まさに、貧しい人たちの権利を守るために。それが、『ライン新聞』で、一八四二年一〇月二五日付第二九八号から数回にわたって掲さいされた第三論説、「木材窃盗《せっとう》取締法にかんする討論」であった。（第二論説が、検閲にひっかかって、陽の目をみることができなかったことは、さきにふれた。）

議会は、慣行で枯木や枯枝を拾ったものをまで、「窃盗」という名のもとに厳罰に処することを決めてしまった。

そこでマルクスは、いまや、貧しい人のために、人民大衆のために、人間の権利のために、かんぜんと、次のように批判し抗議するのである。

いったい人間がだいじなのか、木がだいじなのか。人間の権利は、木の権利のまえに屈服してはならないし、人間が、木という偶像のまえに敗れて、そのいけにえとなってはならない。

ところが、この法（木材窃盗取締法）においては、すべてがゆがめられ、さかさまになっている。人間の権利は、若木の権利のまえに屈服している。木の偶像が勝利をおさめ、人間は敗れていけにえとなっている。木材が、まさにライン州人の物神となっている。そのため、慣行によってみとめられ、したがって軽犯罪ともいえない行為が、木材窃盗《せっとう》と名づけられ、そういういつわりの法律のために、貧乏人が犠牲になっている。

まさに、この法律のなかの原理は、森林所有者の私的利益の保護いがいのなにものでもない。この私的利害こそが、究極目的なのである。なにが善であり、なにが正義であり、なにが法であり、なにが裁判の公平であり、逆に、なにが悪であり、なにが不正であり、なにが犯罪であり、なにが不公平であるかは、すべてこの森林所有者という権力者の利害感によって決定されているのである。したがって、森林所有者は、犯罪者の罰金を私有し、犯罪者の身体もうばって農奴とするのである。すべてを法的正義の名のもとに。そこでは、正しい法律など、どうして期待しえよう。公平な裁判官などは、およそ愚劣な、非現実的なまぼろしにすぎないであろう。公平とか、正義とか、中正とか、公共的立場などは、みせかけの形式にすぎない。こうして、身分制州議会は、木のための利害を、つまり木を、自己の最高の本質、自己の神（物神）にしてしまっている。

そこで、われわれは要求する。政治的にも社会的にもなにものももたぬ貧しい大衆のために、次のことを要求する。貧しい最下層の大衆の権利そのものである慣習法を、かれらの手にわたせ、と。貧民は、自然の産物によって生き、これによって生きねばならなかった。貧民は、この自然の産物、自然力のなかに、ほんとうに人道的な親しみを感じ、これを利用する慣習のなかに、本能的な権利感をいだいたのである。そこに、慣習の正しさの根拠がある。ところが、ローマ法にその原型をもつ近代私法は、貧乏人のこの慣習的権利を、金持ちの独占にかえてしまったのである。だが、州議会のいう木材犯罪人は、国家の公民であり、メンバーであり、兵士であり、証人であり、公共体の一員であり、家庭の父であり、そして人間である。まさに、生命の所有者、自由の所有者、人間性の所有者である。この者の権利を保護することこそ、法の感情であり、公正の感情であろう。これに反し、州議会が決めたあの法は、この法感情、この公正感情にまっこうから対立するものであり、非人間的なものである。

マルクスは、大要、右のように批判し、抗議し、要求する。

なまの現実をとく勉強がたりない！　だが、ここでマルクスは、このなまなましい地上の問題、生存という問題にぶつかったのである。

かれは、もの（木材）とものにまつわる利害が神になり、君主になり、人間がそれの手段となり、奴隷となり、人間らしさを失っているという転倒に気づいてきた。しかし、どうしてこういう矛盾がおこるのであろうか。なまの現実で、こういう転倒がおこってくる仕くみや原理はなんなのであろうか。それは、まだマルクスにはわからなかった。

わが小繫事件において、さいきん、最高裁は、「山へはいらなければ生活できない」と入会をつづけ、森林法違反（森林窃盗）、窃盗などの罪で訴えられていた被告の有罪を判決した。いうまでもなくそれは、近代的な所有権の原理を根拠とする、わが国の現行法にもとづいての判決である。「だが問題は」と、ある新聞は解説している。「山にはいらなければ生きられない人たちの問題だ。それが解決されないかぎり、紛争はなお尾をひいてつづくであろう。だから事件の本質は、司法の問題であるよりは、むしろ経済や行政の問題である」と。わがマルクスもまた、いま、こういう経済や政治の問題につきあたったのである。

これよりさき、ライバルの『アウグスブルク一般新聞』は、「『ライン新聞』が、共産主義に媚《こび》をていし、色目をつかっている」という批判を、あびせていた。マルクスは、ただちに、それに反ばくしなくてはならなかった。マルクスは、ここで、ライバル紙の批判に抗議しながらも、フランスの社会主義や共産主義にたいする研究の不十分さを、そっちょくに白状しなくてはならなかった。かれはまだ社会主義者ではなく、まして共産主義者ではなくて、急進的な民主主義ないし自由主義にとどまっていた。が、とにかく、ドイツにも浸透してきた、フランスの社会主義や共産主義の勉強をしなくてはならなかった。

あれやこれやで、マルクスにたいする圧迫は、当局の検閲とか株主の要求とかの形を通して、しだいに強まってきていた。が、ついに、四二年の末から四三年の正月にかけての、モーゼル農民にかんする論争で、政府と対決することになってしまった。資本主義の浸透は、ぶどう栽培で有名なモーゼルの農民をもおびやかしてきた。『ライン新聞』は、この農民たちの窮状《きゅうじょう》を掲さいした。それにたいし、ときのライン州知事フォン＝シャーパーは、二度訂正を要求してきた。が、ライン新聞は、逆に、資料を集めて、この悲惨な農民にたいする政府の無慈悲なしうちを攻げきした。しかも、何回かにわたって。

このほかマルクスは、「土地所有の細分化」、「自由貿易と保護関税」など、物質的利害関係にかんする論争にも参加しなくてはならなかった。そうしたなかで、いよいよもって、現実問題にかんする経済的な勉強の不足を、痛感しないわけにはいかなかった。

「自由人たち」との別れ

その筋の検閲や圧迫が日々きびしくなるのと関連して、マルクスは、ベルリンの「自由人たち」の言動にも頭をいためねばならなかった。

さきに、『ライン新聞』が、青年ヘーゲル派との関連のもとに誕生したことにふれた。青年ヘーゲル派のうち、ベルリンに在住する人たちは、かつてのドクトル＝クラブのメンバーを中心とする、「自由人たち」であった。そのうち、ルーテンベルクが、マルクスに推せんされて、『ライン新聞』の編集主任になった。が、無能力のためクビになり、マルクスがとってかわったことは、さきにふれた。ボン大学を追われたバウエルは、しばらくボンにいて、マルクスと親しくつきあうが、まもなくベルリンへ帰っていった。いま、ベルリンの「自由人たち」の中心をなすものは、ブルーノー＝バウエルとエドガー＝バウエルの兄弟、ケッペン、それに代表格のマイエンなどであった。かれらは、ベルリンから、『ライン新聞』に寄稿してきた。が、だんだん鼻いきがあらくなり、いかにも検閲にひっかかるような、激越な言葉をろうするようになった。マルクスにいわせれば、過激で、非現実的で、ひとりよがりで、つっこみや勉強のたらぬホラであった。マルクスは、こうした論文を、つぎつぎにボツにしなくてはならなかった。また、かれらの無責任で無思慮な日常の言動も、こまったものであった。ブルーノー＝バウエルだけは、とマルクスは期待したが、それもむなしかった。かれらは、ベルリンを訪れる同志に、つかみあいのケンカをふっかけたり、私事に関して罵倒したりした。マルクスは、ことのしだいを、四二年一一月三〇日付で、ドレスデンのルーゲに書き送っている。

「親愛なるわが友よ！

きょうの僕の手紙は、『自由人たち』との『ごたごた』にふれるだけとなろう。

君もすでに知っているとおり、検閲が、毎日ようしゃなくわれわれを切りきざむので、ときにはほとんど新聞もだせないほどだ。そのおかげで、『自由人たち』の論文も、たくさんボツになった。僕もまた、検閲官にまけずに、どしどしボツにした。というのは、マイエンとその仲間は、……無内容な駄文を、山のように送りこんできたからなのだ。

数日まえに僕は小人マイエンから手紙をうけとった。……僕はすぐさま返じを書いた。そしてかれの論文の欠陥についての僕の見解を、あからさまにのべてやった。つまり、かれらのものは、自由な、いいかえれば独自の深い内容よりも、むしろほしいままな、過激な、しかも安易な形式を自由とみなしているのだ、と。僕は、ばくぜんとした論議や、大げさな空文句や、ひとりよがりの自画自讃をあまりやらないようにし、もっと明確なことをかたり、もっと具体的事情を探究し、もっと専門的知識をしめすようにと、要求してやった。僕はさらに言明した。……もしいやしくも共産主義について論じる必要があるのだったら、……もっと根本的なやりかたで論評しなければならない、と。さらに僕は、宗教をうんぬんするなかで政治事情を批判するよりは、政治事情を批判するなかで、宗教をとりあげて批判することを、要望した。というのは、このように逆にやるほうが、新聞というものの本質にあい、公衆の教化にふさわしいから。また、それだけとってみれば中味もない宗教も、天空によって生きているのではなく、この大地によって生きているのであるから。したがって、この、逆になっている現実〔人間が、ものの奴隷になり、入会のために捕えられねばならない、救いのない現実」の理論というべき宗教は、この転倒している現実が消えされば、ともにおのずから崩壊するのだから。さいごに僕は希望した。いやしくも哲学を論じるのだったら、『無神論』という看板をもてあそぶようなことは止めて、……むしろその中味を、民衆のなかへ持ちこむように、と。……

以上のすべてからあきらかなことは、ベルリンのホラふきどもは、いっぱんに自分たちの徒党的な問題のほかは、なにひとつ考えないのだ。……」

これでは、もう、どうにもしようがない。一方は、しっかり現実に足をふまえ、ことがらをあくまで探究的・学問的に論じようとするマルクス。他方は、ひとりよがりの浅はかな空論を大言壮語し、ときには、かつての同志の私事にまで立ちいって罵倒《ばとう》する、勝手なホラふき連中。両者の間には、理論的にも、感情的にも、また、ことの進め方のうえでも、もはや橋をかけることさえできないほどの大きな溝が、できてしまった。マルクスは、かつての仲間から、別れるよりほかはなかった。

『ライン新聞』とも別れて書斎へ

モーゼル農民の窮状の報道や、この窮状にたいする政策の批判をはじめとして、『ライン新聞』のとった批判的態度、そして同紙の普及、それらが当局の監視の眼をひからせた。帝政ロシアの反動性を攻撃した記事が、とくに政府を硬化させたともいわれる。とにかく、ついに頭にきたプロイセン政府は、四三年正月下旬の閣議において、ライン新聞の発行禁止を決定してしまった。

株主たちは、論調ないし方針を緩和することで、なんとかことをおだやかにおさめようとした。しかし、ま正直で、おもねったり屈従したりすることの嫌いなマルクスは、みずからの信念をゆずらなかった。

『ライン新聞』三月一八日付第七七号は、マルクスの辞職声明を発表している。いわく、「わたしは、目下の検閲事情のため、こんにちをもって、『ライン新聞』の編集部からしりぞいたことを、声明する」と。

それにしても、大学卒業後のかれの人生の第一歩は、すでに、なんと苦労の多いものであったことか。しかし、かれは、なまなましい現実とのたたかいのなかで、いままでの自己の勉強（哲学）のやりかたや方向を、反省することができた。わけても、経済問題とか、社会主義とか、共産主義とかの勉強が欠けていること、そして、それらの研究が、人間、とくに貧しい人たちを救済し解放するのに必要であること、それらを、身にしみて感得したのであった。このことは、こんごのマルクスにとって、大きな収穫であったといえよう。十数年あと（一八五九年）で世にでた、『経済学批判』の有名な「序言」のなかで、マルクスは、この『ライン新聞』での体験と反省と収穫を、次のように語っている。

「わたしの専門的研究は、法学であった。だがわたしは、哲学と歴史とを研究するかたわら、副次的な学科としてそれをやったにすぎなかった。ところが、一八四二年から四三年のあいだに、『ライン新聞』の主筆として、わたしははじめて、いわゆる物質的利害にかんする論争に参加しないわけにはいかないという、苦しい羽目になった。木材窃盗《せっとう》と土地所有の分割とにかんするライン州議会の討議、当時のライン州知事フォン＝シャーパー氏がモーゼル農民の状態について『ライン新聞』を相手としておこした公けの論争、さいごに、自由貿易と保護関税にかんする討論、これらのものが、わたしが経済問題にたずさわる最初の機縁をあたえたのであった。他方では、『さらに前進しよう』とする善良な意志が、専門的知識よりもはるかに重きをなしていた当時にあっては、フランスの社会主義や共産主義の淡く哲学的にいろどられた反響が、『ライン新聞』でもきかれるようになっていた。わたしは、この未熟なできそこないにたいして反対を宣言した。しかしそれと同時に、『アウグスブルク一般新聞』とのある論争で、わたしのいままでの研究では、フランスのこれらの思潮の内容そのものについて、なんらかの判断をくだす力のないことを、そっちょくに認めた。そこでわたしは、調子をやわらげれば、『ライン新聞』にくだされた死刑の宣告をとりけしてもらえると信じていた同紙の経営者たちの錯覚を、むしろよろこんで利用して、公けの舞台から書斎にしりぞいたのであった。」

人間の解放をめざして
――パリ時代のみのり――

かけがえのない妻と友

マルクスのベルリン在学中に、父は、マルクスの行くさきを案じながら、この世を去ったのだった。マルクスは、学位論文を、この父にささげることもできなかった。かわって、論文は、「父にして友なる人」、ルートヴィヒ＝フォン＝ヴェストファーレンに、愛のしるしとしてささげられた。いうまでもなく、この人は、婚約者、イェニーの父である。だが、その父も、二人の結婚をみることなく、一八四二年三月三日にこの世を去ってしまった。トリールの町の人たちは、追悼《ついとう》のコトバのなかで、かれの高い啓蒙的精神や教養をたたえたということである。

婚約者のイェニーは、父をなくしてのち、母とともに、ライン川の支流ナーエ川のほとりのクロイツナハに移住していた。静かで小さな温泉町である。マルクスは、『ライン新聞』時代の多忙のなかにも、ここを訪れて、イェニーをなぐさめていた。

が、すでに、『ライン新聞』とも手をきったマルクスは、四三年五月下旬、クロイツナハに移住し、六月一九日に結婚式をあげた。ときに、マルクスは二五歳、イェニーはすでに二九歳であった。おもえば、ながい婚約時代（七年！）であった。その間、とくに、トリールのこの美しい花が味わわねばならなかった悩みやわびしさは、ひとしおであっただろう。それだけに、待ち遠しい春であったといえよう。わけても才色の豊かな「舞踏会の女王」には、未来の暗いマルクスとの婚約を破棄する誘惑や機会は、いくらでもあったことであろう。しかしかの女は、約束したミサオをかたく守り通した。美しいこの花は、同時に美しいかわらぬ心をもっていたのである。このときから三三年後の一八七六年、マルクスは、ロンドンからドイツへ旅行したことがあった。（マルクスは、四九年、ロンドンに亡命。）そのさい、末娘エリナに、自分たちが蜜月《ハネムーン》をすごした町を教えるため、エリナを連れて、ビンゲン（ナーエ川がライン川に合流するところ）やクロイツナハをおとずれている。それほどに、この地は、忘れえぬ思い出のところであった。

　恋愛時代や婚約時代においてごうもゆるがなかった、マルクスへのイェニーの愛情は、生涯にわたってもかわらなかった。貧しい生活、夜遅くまでの勉強、苦しいたたかいのなかにあって、かの女は、いつも夫に信頼をよせ、かれを理解し、愛し、かれと行をともにした。かの女ゆえに、家庭はまた、子にとってたのしいわが家であり、同志にとっていこいと会議の場所であった。

　わたしは、このことに関し、ラッサールという人のことを思いだす。かれもまたベルリン大学に学び（一八四四―四六）、ヘーゲル哲学に傾倒した、ヘーゲル左派の理論家である。そして、ドイツの社会主義および社会主義運動において、マルクスと並べられる人である。わたしがドイツに滞在していた一九六三年、現在の西ドイツ社民党（SPD）の百年祭が行なわれた。六三年は、ラッサールが、「ドイツ労働総同盟」を結成（一八六三年）してから、ちょうど百年にあたるのである。そのさい、ある新聞は、「マルクスは死んだ！」というような評論をかかげ、逆にラッサールをたたえていた。現在の西ドイツの社民党が、周知のごとく、マルクス理論よりははるかに右よりで、自由主義圏に属しているからである。そうした、ラッサール派とマルクス派との関係については、またあとでふれる機会があろう。

いま、ここでわたしがラッサールを思いだすのは、かれとかれの愛人とのことである。「ドイツ労働総同盟」の会長であるラッサールは、すでに許婚者のあるヘレーネという美しい一女性と恋仲になり、結婚しようとした。しかし、ヘレーネの父は、それを許さず、やがてヘレーネの情も冷却した。ラッサールは、かの女の父と許婚者とに決闘を申しこんだ。が、ついに、六四年八月下旬、ジュネーブ郊外での許婚者との決闘にやぶれて、絶命してしまった。労働者階級を救おうという社会主義者が、こういうスキャンダルでたおれたのは、まことに遺憾《いかん》というほかない。ただ、この悲劇が、かえって「ラッサール崇拝」をあおるようなことにもなり、ラッサール理論が労働者階級に影響をおよぼしたようである。かれの理論が平易で、理想主義的であったこと、かれがなかなかの男まえで、雄弁で、情熱的であったこと、そして愛人のために決闘して死んだこと、それらが、ドイツ民衆の心をとらえたようである。

ともあれ、ラッサールの死は、わがマルクス夫妻の愛情とは対照的であるといえよう。マルクスが、社会主義者として、こんにちの世界史を変えるような大きな仕事を残すことができたのも、一つには、イェニー夫人の深く厚い内助があったからともいえよう。もしかの女がなかったら、あるいはもしかの女の心がマルクスから他へ移っていたら、さあ、この百年の世界史は、どうなっていただろうか。

しかしわたしたちは、マルクス主義やその運動のうえで、いま一人の名を忘れてはなるまい。その名は、いうまでもなく、エンゲルスである。マルクス主義は、より正しくは、「マルクス＝エンゲルス主義」といわれねばなるまい。それほどに、エンゲルスは、理論において、運動において、また生活において、生涯、マルクスを助け、マルクスといったいであったのである。

そのエンゲルスは、四一年四月、マルクスがベルリンを去ってから約半年おくれて、ベルリンにやってきた。だから、ベルリンでは、マルクスと行き違いになった。エンゲルスは、一年志願兵としてベルリン砲兵隊にはいり、かたわら、暇をみてはベルリン大学へ聴講に行った。そして、ヘーゲル左派の人たちと交った。エンゲルスは、ライン州バルメン（現在の、ブッパータール）の、紡績工場主の息子として、生まれた。マルクスより二年あとの一八二〇年に。マルクスの家庭が、ひじょうに知的であったのにたいし、エンゲルスの方は、古い織元《おりもと》の、相当に富裕な家庭であった。

除隊後エンゲルスは、在マンチェスターの、父の経営する紡績会社（「エルメン＝エンゲルス紡績会社」）ではたらくため、イギリスに渡ることになった。その途中、ケルンの『ライン新聞』編集部にたちよった。これが、マルクスとエンゲルスとの、まさに歴史的な最初の出あいであった（一八四二年一一月の末）。しかし、このころすでに、ベルリンの「自由人たち」とマルクスとの仲は、けんあくなものとなっていた。そしてエンゲルスは、そのときまで、この自由人派に属していたのである。そのため、最初の出会いは、「きわめて冷いもの」でおわらねばならなかった。

が、まもなく二年後、二人はパリで再会し、完全に意見の一致をみるにいたる。ここに、生涯にわたる共同ないし合作の仕事がはじまるのである。

理論において、運動において、また生活においてマルクスを助けた同志エンゲルス(1820～95)

フォイエルバッハの唯物論　マルクスは、『ライン新聞』で、なまなましい物質的利害にかんする論争にかかわらねばならなかった。そこで、経済問題や社会主義・共産主義にかんする不勉強を痛感しなければならなかった。こういう新しい体験と反省のうえにたって、マルクスは、ヘーゲルの弁証法、とくに法哲学の批判的研究をはじめたのである。新婚の二人は、たのしい数か月を、クロイツナハですごした。が、その蜜月《ハネムーン》の間にも、マルクスは、いかにもかれらしく、ものすごい勉強をしている。すなわち、ヘーゲル法哲学の批判と、近代史、とくにフランス革命史の研究とのために、多くの関係書を読み、抜すいをつくっている。

マルクスの、新しい問題意識での勉強において、とくに強い影響をあたえたのは、フォイエルバッハの人間学的宗教批判であり、かれの唯物論であった。

さきにふれたごとく、フォイエルバッハは、一八四一年、まさに革命的な「宗教批判」の書、『キリスト教の本質』を世にだした。そのなかで、かれは、「神は人間だ！」とかっぱした。神とは人間の精神、人間の魂、人間の心情、つまり人間がもっている意識があらわされたものにすぎない。神の愛とは、人間の愛の告白である。したがって、神の本質とは、人間の本質いがいのなにものでもない。個々の具体的な人間、この肉体的現実的な人間がもっている人間らしさ（人間の本質）が、神として理想化されて外におかれた。じつはみずからのものにすぎないものが、理想化・神聖化されて、神さまとして尊敬され、あがめられた。こうして、人間は、自分自身を失ない、自分の意識がつくった神の奴隷となってしまった、と。

もちろん、ここで大じなことは、人間らしさ、人間の本質というばあい、それは個人としての人間ではなく、類（人間という類）としての人間のことである。個人としての人間は、有限であり、不完全であり、無力である。しかし、類としての人間は、無限であり、完全であり、万能である。神とはこのような類としての人間を、人間のそとに、人間がみずからにすえおいたものである。神の愛というのは、じつは人間を類として結びつける感性的・自然的な愛にほかならない。こういう現実をみないで、われわれは、「神」という夢・想像のなかでものをみているのである。しかし夢のなかでもわれわれは、天上にいるのではなく、この地上に、この現実にいるのである。だから問題は、夢からさめて、現実を正しくみることである。フォイエルバッハは、こういうのである。それは、いまから百数十年前のキリスト教国にあっては、たいへんな革命思想であり、危険思想であったであろう。

四三年の三月なかば、ライン新聞のごたごたのさなか、マルクスは、『哲学の改革についての暫定《ざんてい》的提言』

という、フォイエルバッハの論文を手にした。ときがときだけに、この小論は、マルクスをひきつけたようである。これは、ルーゲが編集している、『アネクドータ』という哲学的評論雑誌にのったもので、ルーゲから送られてきたものであった。この「哲学改革論」のなかで、フォイエルバッハは、いっそうはっきりと、唯物論的立場をうちだした。

ここでは、ヘーゲル哲学が全面的に、逆だちしているものとして批判される。神は、人間がつくった意識にすぎない。そのつくられた意識が、逆に、人間を支配し従属させた。ヘーゲル哲学のいう精神とか絶対精神とか絶対者は、まさにキリスト教でいう神にほかならない。キリスト教でいう神を、むずかしく概念的にいいかえたものにすぎない。ヘーゲルのいう絶対精神などというむずかしい精神は、ちょうど神と同じように、人間の有限な思惟を、人間からぬきだして人間の外に立て、絶対化・神聖化したものである。そして現実の生きた人間が、この精神によってつくられたかのごとく考え、その考えのとりこになっている。真実のことは、まさにその逆である。神が主語で人間が述語なのではない。ひとしく、精神が主語で人間の現実や自然が述語なのではない。逆に、人間が主語であって、神が述語である。それにひとしく、この現実に存在しているものが主語であって、思惟や精神や絶対精神は、その述語であるにすぎない。思惟や精神はその現実の存在からでてくるが、現実の存在は、思惟や精神から生まれてはこない。存在は、思惟よりまえに、それだけで存在している。現実の存在こそが、いっさいである。そして、人間もまた、自然の一つである。自然は人間の基礎である。ただ、人間という自然は、たんなる自然ではなくて、意識し思惟する自然である。

このようにフォイエルバッハは、自然にもとづき、意識をもつ現実的人間の哲学を主張するのである。

問題は社会であり、実践であり、変革である

エンゲルスは、のちほどの『フォイエルバッハ論』（一八八八年）のなかで、こんなにいっている。「この本（『キリスト教の本質』）が、どんなに大きな解放の働きをしたかは、それをみずから体験した人でなくては、わかるまい。その感激は、全般的なものだった。すなわち、われわれは、みんな、一時、フォイエルバッハの徒となった。マルクスが、どんなに熱狂してこの新しい見解をむかえたか、どれほどこの見解によって影響されたか――といっても、これにたいする批判の立場をしっかりともちながらも――は、『聖家族』を読めばわかる」と。マルクスが、はたしてこれほどに熱狂し、これほどに影響されたかについては、異論もある。しかし、一八四三年一〇月三日付、フォイエルバッハ宛の手紙で、マルクスは、『キリスト教の本質』の第二版序文をほめている。また『聖家族』のなかでは、よっぱらった思弁哲学に正気の哲学が対比されるように、ヘーゲルの形而上学に対して、フォイエルバッハの唯物論哲学が提起されたと書いている。さらに、そこで、こうたたえている。ヘーゲル哲学の秘密をばくろしたのは、フォイエルバッハである。ヘーゲル哲学の、いわば神々の戦いともいうべき、精神の弁証法を絶滅したのは、フォイエルバッハである。つまらない「無限の自己意識」なんてもののかわりに「人間」をすえおいたのは、フォイエルバッハである。そしてただフォイエルバッハだけである、と。

しかし、フォイエルバッハ哲学にたいする同感や称揚と同時に、マルクスは、すでにフォイエルバッハをこえようとしていた。『哲学の改革についての暫定的提言』をうけとって読んだのち、マルクスは、ルーゲにこう書きおくっている（一八四三年三月一三日付）。「フォイエルバッハの警句集《アフォリスメン》は、わたしには、ただ次の点で正しいとは思われない。すなわち、かれは、自然に眼をむけすぎて、政治に眼をむけなさすぎる」と。

　こういうマルクスのフォイエルバッハ批判は、やがてのちほど、有名な『フォイエルバッハにかんするテーゼ』として結晶していく。

　それによれば、フォイエルバッハは、現実の感性的人間を、たんに自然の一部としてとらえた。もちろん人間は、意識する自然ではある。が、なぜ人間は、みずからの本質を失い、神とか、絶対精神とかいったものを夢みるのか。そういう自己喪失、すなわち、いわゆる人間の自己疎外は、なぜおこり、どうすれば治癒できるのか。フォイエルバッハでは、それが明らかにされていない。フォイエルバッハは、そういう夢や仮象が、夢や仮象であることを自覚するよう眼を開けという。想像のなかでみている対象を、現実のなかのものとして、現実の光のなかで見よ、という。それが、フォイエルバッハにとっては、人間の自己疎外としての宗教にたいしてなすべき仕事の、すべてなのである。だが、夢からさめたところで、それだけでは、現実はどうにもならない。問題は、人間に夢をつくらせ、人間を疎外させている現実であり、政治であるのではなかろうか。なぜ人は、神を夢み、絶対精神にあこがれるのであろうか。問題はそこなのだ。フォイエルバッハは、こういう点に眼を向け、疎外の原因や、それからの脱出の方法をじゅうぶんに解明することができなかった。それは、かれが、人間をば、自然的な客体としてとらえて、実践し働く主体的なもの、感性的・肉体的な批判的活動としてとらえなかったのにもとづく。人間は、つくられながら、実践的にみずからを変革していく存在である。意識をもった人間は、自然の一部として自然のなかに埋もれているのでなく、自然を対象として働きかけ、実践し、自然を変えていく。

したがって、こういう人間の本質は、たんに自然的感性的な多くの個人的人間をよせあつめて結合したような、「類」ではない。人間の本質は、実践的・主体的にかかわりあう社会的人間である。自然のなかで、自然を対象とし、社会的にかかわりあい、社会的につくられつつ、つくりかえていく社会的・歴史的な存在である。社会的歴史的実践を通して発展していく人間こそ、人間の本質である。ところがこの現実、すなわち、市民的・ブルジョア的現実（資本主義的現実）は、フォイエルバッハ的唯物論がいうごとく、バラバラの個人のよせ集めにすぎない。社会的に結びあって愛しあうようにはなっていない。この現実こそが問題であり、そこから人間の夢や空想的想像がうまれ、主語と述語の転倒が生じるのである。

実践的な現実の変革、社会的人間の実現、それこそが、フォイエルバッハの哲学をこえた、将来の哲学の問題である。そのためには、われわれは、自然へ眼をむけることから、さらに政治的現実へ、物質的利害関係へ、経済問題へ眼を向けなくてはならない。現実を変革するために。フォイエルバッハ的唯物論は、世界を眺めて、いろいろと解釈した。ただそれだけだ。眺めて解釈するだけで、人間の社会的・実践的本質をとらえなかった。「人間こそが人間にとっての神である」とすることから、こんどは、その人間が、歴史的社会的に発展し変革していくことをとらええなかった。しかし、だいじなことは、人間の社会的実践であり、現実を変革することである。

マルクスは、フォイエルバッハをこう批判する。マルクスは、『ライン新聞』での体験によっても、もはや、たんなる観察者や解釈者や批評家にとどまることはできなかった。かれは、ヘーゲル哲学を転倒したフォイエルバッハ的唯物論のなかに、人間の歴史的・社会的実践の立場をとりいれ、フォイエルバッハをこえていくのである。それは、やがて成立をみるにいたる唯物弁証法ないし唯物史観への方向を、さし示しているであろう。それは、唯物弁証法ないし唯物史観の確立のプロセスであるとともに、「人間解放」という大目標への情熱でもあった。そして、こういう仕事が、いま、大衆を目標とする『独仏年誌』という雑誌を通して、果たされようとしているのである。

真の人間解放

フォイエルバッハは、『哲学の改革についての暫定的提言』のなかで、フランス的なものと、ドイツ的なものとの両要素が必要であることを提言した。フランス的なものとは、女性的・心臓的・感覚的・唯物論的・革命的原理であり、ドイツ的なものとは、男性的・頭脳的・精神的・観念論的・停止的原理である。マルクスがこれにならったかどうかはわからぬが、とにかく、新しい雑誌『独仏年誌』が、ルーゲとの共同で、パリで発行されることになった。

要するに、それは、フォイエルバッハの宗教批判のやりかたと同じように、大衆に、そのあやまった夢、

ハイネと語りあうマルクス夫妻

さかさまになっている現実を、自覚させることであった。しかし、マルクスは、フォイエルバッハには欠けていた政治批判に、おそれることなく、つき進んでいった。政治ないし権力にたいする批判は、とうぜん、政治権力との闘争に進んでいかないわけにはいかない。マルクスは、いまや、そういう道をたどることとなったのである。『独仏年誌』は、こういう批判と実践とを目標としていたのである。

四三年一〇月下旬、マルクス夫妻は、パリに移転した。ルーゲもいっしょに住んだ。

こえて、四四年二月下旬、『独仏年誌』は、第一号と第二号の合併号という形で世にあらわれた。執筆者には、マルクス、ルーゲのほか、ハイネ、ヤコービ、エンゲルス、ヘス、ベナルイス、ヘルヴェークなどが、名をつらねている。マルクスは、ルーゲを通じて詩人ハイネと知りあい、パリ滞在期間中、ひじょうに親しく交さいした。すでに、イギリスにあったエンゲルスは、マンチェスターから二つの論文（『国民経済学批判大綱』『イギリスの状態』）を投稿している。

マルクスのものは、ルーゲにあてた手紙文のほか、

『ユダヤ人問題によせて』と、『ヘーゲル法哲学批判序説』の二つである。そのなかでマルクスは、いよいよ現実の「後進ドイツ」や「ブルジョア市民社会」、そして、それらの反映としての「ヘーゲル法哲学」に批判をむけるのである。

まず『ユダヤ人問題によせて』

これは、バウエルの、ユダヤ人解放論にたいする批判として書かれた、マルクスの人間解放論である。バウエルは考えた。ユダヤ人がユダヤ人として不平等に取りあつかわれ、解放されないのは、ユダヤ教にこりかたまっているからだ。ユダヤ人は、ユダヤ教をやめなくてはならない。そして、いっぱんに人間が宗教をやめることだ。そうすれば、宗教にもとづく人間の対立や差別はなくなる。また他方では、国家は、ユダヤ教とかキリスト教とかにかかわることからみずからを解放し、非宗教的でなくてはならない。こういうことによって、ユダヤ人は解放され、政治的に自由平等になれる、と。

だが、そうだろうか、とマルクスは批判するのである。人が、ユダヤ教やキリスト教をすてなくても、あるところ(たとえばアメリカ)では、人は政治的に平等な権利をあたえられている。しかし問題は、真にユダヤ人が人間的に解放されることであり、真に人間が自由で平等になることである、人間解放である。政治的に解放されて、自由・平等の権利をあたえられたとて、それは、形式的、法律的な自由・平等であって、ほんとうの、具体的な自由や平等ではない。選挙権が平等にあたえられ、職業の自由があたえられたとて、それは形式的な平等や自由であって、現にいまおこっている不自由・不平等を解消することにはならない。問題は、政治的な解放、つまり国家がひとしい政治的な権利や自由をあたえることでなく、人間の解放である。バウエルは、政治的解放といっぱんの人間解放とを混同してしまっている。人間が利己的で、みんなが個々バラバラに営利や金銭を追求してやまないかぎり、そこに、対立や矛盾や闘争や不平等がおこるのはあたりまえである。だから問題は、こういう、いわば利己的・個人的な欲望そのものの争いともいうべき、この私有制にもとづく市民社会そのものにある。この市民社会をそのままにしておいて、この市民社会におこるいろいろな矛盾や対立を、国家が政治的に解消しようとしたところで、それはできるものではない。だから、問題は、こういう市民社会から人間を解放することである。こういう私有制の上にたつ社会、対立・矛盾・闘争・利己の支配する市民社会から人間を解放することによってはじめて、人間の真の解放は実現するのである。ほんらい人間は、個別的に労働し、個別的な生活や経験をしながら、しかも、全体として社会的につながり、結びあっているのである。だから個々人が、自分の労働の生活、自分の力を、社会的なものとして認識し、社会的なものとして組織し、そういう社会的なつながりを政治的な力で保証しあったとき、はじめて人間的解放は実現するのである。

こうしてマルクスは、私有制にもとづく現実の市民社会の矛盾・対立・無秩序・悲惨・闘争を除去する道を、ばくぜんとではいえ、社会主義への方向においてとらえたのである。真の人間の解放が、この市民社会の克服にあることをあきらかにしたのである。しかも、この市民社会は、ヘーゲルのいうような強権的な政治的国家において克服されるのではない。解放は、みんなが、社会的であることを自覚した、私有制の廃止された社会的組織においてはじめて、可能なのである。このことをマルクスは、あきらかにしたのである。

解放のための頭脳と心臓

では、この人間解放は、はたして可能であろうか。可能であるとするなら、どういう方法で、どういう力、どういう武器によって可能なのであろうか。『ヘーゲル法哲学批判序説』は、それを問題にする。

フォイエルバッハをはじめとする宗教批判は、人間が宗教をつくるのであって、宗教が人間をつくるのではない、ということをあきらかにした。そして人間は、人間が真の人間となっていないとき、つまり人間が真に解放されていないとき、みずからの幸福な理想郷を、宗教的な天国という空想でえがくのである。だから宗教は、人間が人間らしくなっていない現実、人間がみずからを失ってしまってあえいでいる現実の、あらわれともいえる。現実がつらく不幸であるから、人は、宗教のなかで慰めを求め、天国という空想をえがいて、コーコツとしているのである。だから宗教は、なやめるもののためいきであり、不幸な民衆の阿片《あへん》のようなものである。それは逆にいえば、苦労と悩みの多い現実を、訴えているのであるともいえる。

そこで問題は、その現実となる。現実とは、この国家であり、この社会である。ほんらい人間のものであるはずのこの現実、この世、この国家、この社会が、そうなっていない。逆に人間をしばり、人間を不幸にし、人間を対立させ闘争させ苦しませるものとなっている。つまり、さかさまになっている。宗教は、こういうさかさまの現実になぐさめをあたえ、この逆の現実を承認させるものである。だから、宗教批判は、幻想的な宗教を生みだしているこの苦界、この国家、この社会、この政治の批判へと、ほこ先を向けなくてはならない。この、人間を不幸にし、人間を奴隷化し、人間を失わせている（疎外させている）現実を批判すること、もっともらしく、よい現実らしい顔をしているこの現実のインチキをばくろすること、それが、真の哲学の任務である。こうして、宗教や神学の批判は、現実の政治、現実の法、そしてそれを是認する哲学（ヘーゲル哲学）の批判へとかわるのであり、かわらなくてはならない。

　では、ドイツの現状は、どうなのであろうか。ドイツの政治はどうなのであろうか。それは、かなしいことには、歴史の水準下にあるアンシャン＝レジーム（近代以前）の状態におかれている。近代のなかでの恥ずかしい後進地域なのである。ドイツは、近代のなかでのいわば恥ずかしい欠陥であり、恥辱《ちじょく》である。それにもかかわらず、人は、立ち遅れて前近代的なこの現状、この政治を、天から与えられ許されたものとして承認し、正しいものと空想している。しかしドイツ人は、こういう自己欺瞞《ぎまん》を、瞬時《しゅんじ》もゆるしてはならない。恥辱をあきらかにすることによって、恥部を恥部としてえがきだすことによって、それを自覚しなくてはならない。あきらめないで、圧迫を感じることによって、このドイツの現状にたいしてたたかわなくてはならない。現状を解剖し現状を批判するのは、手段であって目的ではない。問題は憤激であり弾劾《だんがい》でありたたかいである。そういう情熱のために頭脳は批判し解剖するのであって、その逆ではない。

　こうした立ち遅れた現状に対応しているのが、ドイツの近代哲学なのである。つまりドイツは、歴史の上で立ち遅れているがゆえに、哲学という観念のうえだけで近代をあれこれえがいているのである。ドイツ人は他国民が実行したことを、夢みたのである。ドイツでは、夢みるよりほかなかったのである。ところでいまや、その先進国の近代的現状が問題なのである。つまり、市民社会が問題であり、批判され弾劾されなくてはならないのである。とするなら、立ち遅れのドイツは、二重の意味において、批判と弾劾にさらされなくてはならない。すなわち、この立ち遅れたアンシャン＝レジームの社会・政治・国家のみでなく、こういう立ち遅れにみあっている空想的近代意識＝「ドイツ法哲学・国家哲学」も、批判され否定されなくてはならない。遅れた現状とともに、この現状にみあう現在の哲学＝「ヘーゲル哲学」が、廃棄されなくてはならないのである。

そこで質問がでてくる。はたしてこの遅れたドイツを、近代諸国民の水準にひきあげるばかりでなく、さらに、真の人間解放にまでひきあげるような革命は可能なのか、という質問が。たしかに、批判しているだけでは、現在を打破するような革命力となることはできない。理論的批判というような武器は、ほんものの力をもった武器による批判のかわりをすることはできない。物質力をたおすのは、物質力でなくてはならない。しかし、理論といえども、それが大衆をとらえるやいなや、物質力となる。みずからを解放する力となることができる。

ところで、ドイツにおいては、根本的な革命、つまり全般的な人間解放は、空想的な夢なのであろうか。そうではない。そうではないとするならば、その積極的可能性は、どこにあるのか。答は、つぎのような階級が形成されるということにある。すなわちこの階級は、てってい的に鎖をせおった階級であり、市民社会の階級でありながら市民らしく取りあつかわれず、いわば市民社会のそとにいる階級である。ある苦悩といったものでなく、苦悩そのものをせおった階級、不正そのものを加えられている階級である。一口にいえば、この階級は、もうまったく人間らしさを喪失してしまっている階級であり、人間らしさのそとにおかれた(疎外された)非人間なのである。だから、この階級は、革命によって、これまでの世界秩序を解体し、私有財産制を否定し、ほんとうに、全面的にみずからの人間らしさを取りもどすのでなくては、人間となることはできない。こういう階級とは、まさにプロレタリアートである。人間らしさのすべてを失っている、このプロレタリアートの革命なくしては、真の全般的な人間解放はありえないのである。そして、このプロレタリアートは、ドイツにも、産業の運動が侵入してくるにつれて、ようやく成立しはじめているのである。

哲学がプロレタリアートのうちに、その物質上の武器をみいだすように、プロレタリアートは、哲学のうちに、その精神上の武器をみいだすのである。真の哲学が、そぼくな大衆の血となり肉となるやいなや、ドイツ人の人間解放は成就されるであろう。このような人間解放の頭脳は哲学であり、その心臓はプロレタリアートである。プロレタリアートは、頭脳であり精神的武器である哲学を、もたなくてはならない。逆に哲学は、心臓であり物質的武器そのものであるプロレタリアートのなかに侵透して、プロレタリアートの血となり肉となり、プロレタリアートを強く正しく導かなくてはならない。

若きマルクスの傑作とたたえられる『ヘーゲル法哲学批判序説』は、こうして、人間解放のための、頭脳と心臓の意味や役わりを明らかにした。人間解放の情熱は、こうして具体化され、深められ、理論化されていくのである。

経済学による市民社会の解剖へ

いまいちど、ふりかえってみよう。フォイエルバッハによれば、自然的・感性的なこの人間は、自分のほんとうの望ましい姿を、神として描きだした。したがって、神が人間をつくったのではない。ところが人間は、神によってつくられたと思いこみ、そのため、じつは神が人間のほんとうの姿の描写であることを知らず、神というイメージの奴隷となってしまった。こうして人間は、主人である自分の地位を自分で捨てて奴隷となってしまった（自己喪失、自己疎外）。なんというバカであろう。だから人間は、このバカさをよく自覚して、主人の座を取りもどさなくてはならない。フォイエルバッハはこう考えた。

マルクスもまた、そういうふうに考えた。神が人間をつくったとか、ヘーゲルのごとく精神が世のいっさいをつくったなどという考えかたは、マルクスによれば、まさに逆だちしている。ただ、マルクスは、人間のほんとうの姿（人間の本質）を、たんに自然的・感性的なものとは考えなかった。人間は、なるほど一面、自然的・感性的であるけれども、同時に歴史的・社会的なものである。そういうものとして、国家のなかにおり、市民社会のなかに生活しているものであるとした。しかし、そこで、神や精神が人間の創造主、人間の主人であるかのような妄想《もうそう》ないし夢が描かれるということは、じつは、この現実が狂っており、逆立ちしているからである。つまり、現に人間が生活しているこの現実が、真に人間のもの、真に自由で平等な人間の世となっていないから、人は夢や天国を描くのである。神や精神を神聖化してあがめ、そのまえにひざまずくのである。そこで、この逆立ちしている現実に眼を向けなくてはならないと、マルクスは考えた。

現実のドイツは、立ち遅れて、まだ封建的なものをいたるところに残存させてている。他方、西欧の市民社会は、すでに対立や差別や圧迫や悲惨《ひさん》、つまり矛盾をあらわしてきた。あわれな後進ドイツにとっては、まず追いつくことが問題であろう。だが、その目標としての市民社会、市民革命によって到達された市民社会そのものが、すでにいくたの矛盾をあらわしてきたのである。自由や平等や安全や所有の保証を求めた市民社会。そして国家ないし法は、じじつ、自由や平等や安全や所有の保証をあたえた。にもかかわらず、そこには、すでに深刻な不平等や不自由や不安や貧困が生じてきている。ヘーゲルは、市民社会のもつこういう矛盾を知っていた。個人の欲望を原理とする市民社会が、みずからのなかに生みださないわけにはいかない混乱や矛盾や不合理を知っていた。そしてかれは、そういう矛盾を、国家によって、国家の政治によって克服し解決しようとしたのである。それが、ヘーゲルの法哲学であり、国家哲学であった。かれにあっては、国家は自由が最高に実現されたものであり、まさに地上の神であった。だが、国家が、政治が、法が保証する形式的な自由や平等になんの意味があろうか。それは、いわば、不平等や不自由をつくりだす自由や権利の保証のようなものである。こういう矛盾が、国家によって、政治によって、ましてドイツのプロイセン国家のごときによって解決されるとするのは、とんでもないことである。ヘーゲルの法哲学ないし国家哲学、そして現実の政治が、このようにマルクスによって、つうれつに批判されるのである。

では、この現実、この政治、この市民社会がはらんでいる矛盾は、どうすれば解決されるのか。だれがどうすればよいのか。そこでマルクスは、市民社会のなかにありながら市民として取り扱われず、人間らしい自由や平等や所有からまったく見はなされているプロレタリアートに、解決の力をみいだしたのである。市民社会のなかで生みだされ、しかも市民社会のなかで人間らしさをまったく喪失しているこの階級に、人間が人間らしさをとりもどし、人間が人間として解放されるための期待をよせたのである。この力によってこそ、しかもこの力によってのみ市民社会は変革され、市民社会における人間喪失（人間の自己疎外）は快癒《かいゆ》され、真の人間解放がなされるとしたのである。それは、あのフランス啓蒙主義ならびにそれにもとづく近代市民社会からの訣別《けつべつ》を、意味するであろう。

だが、プロレタリアートという力が、この革命をじっさいに実現するためには、武器を、頭脳を必要とする。それは、人間が、人間にとって最高であるという、新しい哲学である。この新しい哲学は、その具体化のためには、この市民社会をじゅうぶんに分析し、解剖しなくてはならない。ところで、この市民社会そのものが欲望を原理とするかぎり、それは、わけても経済的な社会であり組織である。市民社会のなかで産みだされたプロレタリアートじしんが、じつはこういう経済機構によってうみだされたものにほかならなかった。したがってそこでは、かつての国家や法や政治の分析をことととした法哲学ないし国家哲学に、市民社会の経済構造の分析・解剖の学、すなわち経済学がとってかわらなくてはならない。市民社会の人間を解放する心臓＝「プロレタリアート」の頭脳として、精神的武器として、いまや市民社会を分析する経済学が、必要となってきたのである。いまやマルクスは、明確な自覚のもとに、経済学の勉強にとりくまなくてはならなくなったのである。人間の自己疎外の克服としての革命、人間の本質(類的存在)の奪回としての革命、人間の真の解放としての革命、そのような革命に、精神的武器をあたえるために。

身辺いよいよ多事多忙をむかえる

『独仏年誌』が一・二号の合併号で世にでたことでもうかがわれるように、そのすべりだしは、順調ではなかった。外ではすでに、その筋の眼が光りはじめていた。すこしあとのことではあるが、四四年の六月には、ドイツのコーブレンツ州知事が、マルクス逮捕令《たいほれい》を、国境の官憲にだしたとのうわさももちあがった。非合法でドイツに送りこまれた『独仏年誌』が、没収された。そしてまた、内では、ルーゲとの仲がうまくいかなくなりはじめていた。あれやこれやで、個人的にも、理論上でも、二人は疎遠《そえん》になり、ついに絶交してしまった。こうして、せっかく生まれた『独仏年誌』も、たった一冊の合併号をだしただけで、若死にしてしまった。

マルクスは、そこで、『フォーアヴェルツ』(「前進」の意)という新聞に寄稿して論をはり、精神的武器を提供した。が、それもにらまれてしまった。あけて、四五年正

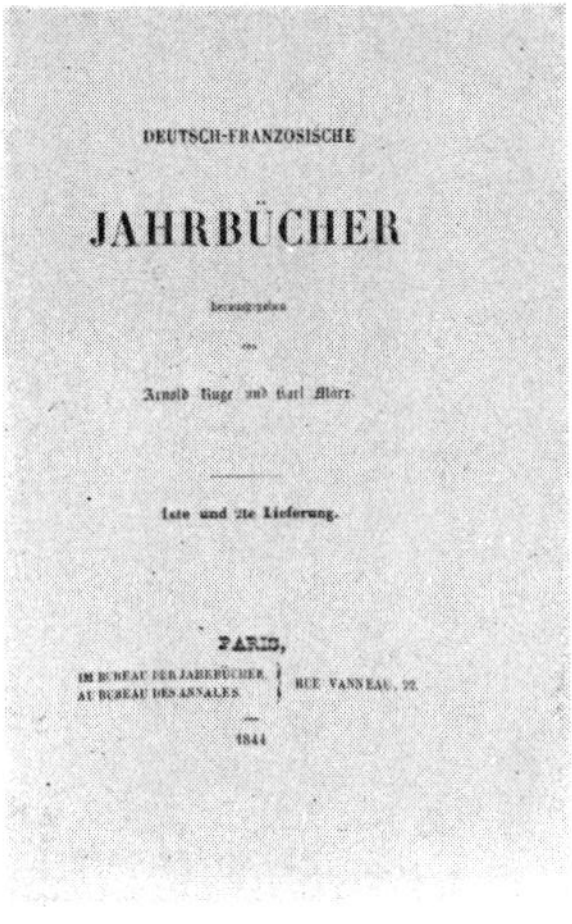

『独仏年誌』

月、フランス内務省は、マルクスをはじめ、『フォーアヴェルツ』紙同人の国外追放を決定した。マルクスはパリを去って、ブリュッセルに亡命することとなる。ときにフランスでは、資本主義の発達とともに、台頭してきた労働者階級《プロレタリアート》の力が強くなり、世はようやくそうぞうしかった。そこには、また、共産主義や社会主義が、あやしい光をはなっていた。これらに対し、有名な歴史家で反動政治家のギゾーが、政府の中心勢力となりつつあった。まさに、四八年の「二月革命」前の、無気味な時代である。こういう状況のなかで、パリのマルクスは、ドイツの亡命者の集まりや、労働者の集会や、民主主義者の会合などに顔をだすようになった。また、ハイネ、プルードン、バクーニン、ルイ=ブラン、カベーなどの社会主義者と、行ききした。長女のジェニーが生まれた。

そしてマルクスは、他方、経済学やフランス社会主義の研究を深めなくてはならなかった。『独仏年誌』にのったエンゲルスの論文、『国民経済学批判大綱』は、マルクスを大いに刺激し啓蒙した。マルクスは、のちほどこれを、「天才的なスケッチ」とよんでいる。かれは、ものすごい勉強で、スミス、リカード、セイ、シスモンディ、ペクール、ビューレ、ジェームス=ミル、スカルベック、シュルツ、マカロックなどの経済学をよみ、評註や抜すいを作成した。さらに、サン=シモン、カベー、デザミ、フーリエ、プルードン、オーウェン、ヴァイトリンクなどの社会主義思想を、研究しはじめた。また、四四年八月下旬から九月上旬にかけ、エンゲルスは、イギリスからドイツに帰る途中、パリのマルクス宅に一〇日間滞在した。この間、二人は、あらゆる点で意見が一致し、ここに、生涯にわたる二人の共同作業がはじまるのである。そして、はやくも、わずか二か月たらずでしあげた共同作が、『聖家族』であった。

マルクスの頭脳と心臓は、いったいとなってもえてきた。理論研究と実践活動とは、いよいよ多事多忙になってきた。

疎外された労働

プロレタリアートは市民社会のなかで産みだされながら、およそ市民らしい取りあつかい、およそ人間らしい取りあつかいから、まったく見はなされている。だから、かれらこそ立ちあがらなくてはならない。憤激しなくてはならない。しかし、憤激ないし情熱は、精神的な武器を要する。心臓は頭脳を要する。そこで頭脳は、この市民社会のための哲学であるヘーゲル哲学を批判しなくてはならない。と同時に、この市民社会の経済的構造を、そしてさらに、この市民社会の経済理論（スミス、リカードをはじめとする「国民経済学」）を、分析し批判しなくてはならない。こういうプロセス、こういう必要にせまられて、マルクスは、いま、経済学の研究にはいったのであった。そしてこの点で、エンゲルスの『国民経済学批判大綱』から、大きな刺激をうけたのであった。マルクスは、『独仏年誌』の一論文であるこの天才的スケッチに啓蒙され、国民経済学やフランス革命に関するものすごい勉強をした。その勉強のノートないし草稿の一部が、こんにち『経済学・哲学手稿』として世にでているものである。

この『経済学・哲学手稿』がこんにちの形ではじめて公開されたのは、およそ九〇年後であった。すなわち、一九三二年、モスクワの「マルクス＝エンゲルス研究所」は、アドラッキー編の『マルクス＝エンゲルス全集』のなかで、これを公表したのであった。それから今日まで、この本の内容は、初期マルクスの人間観、人間解放論、ヒューマニズム、あるいは、人間疎外（人間の本質を失うこと）論を表現するものとして、ずいぶんさわがれてきた。社会主義圏だけでなく、自由主義圏（たとえばアメリカ、西ドイツなど）の進歩的な人たちも、この本をたたえてきた。どういう点なのであろうか。

とくに注目され問題とされる論は、「疎外された労働」と、編者によって名づけられた章である。そこでは、いままでばくぜんとしていた「類的存在」としての人間の本質が、はっきり「労働する人間」としてとらえられている。人間の本質が働くことにあることが提起されている。

マルクスのノートには、こう書かれている。

動物は、ただ欲望のままに生きているだけである。ところが人間は、意識的に、自覚的に生きている。つまり、ああしようか、こうしようかとよく考えて、生活している。だから、人間の本質がなんであるかを考えて、それにふさわしい生活をすることもできるわけである。人間とは、たったひとりであるのではなく、類的な存在（社会的なつながりのある存在）であった。類ないし社会は、たんにアトム的な個人の集まりではなく、たがいに相まってなりたっていた。しかし、類的な生活とは、手をこまねいていることではない。自然にはたらきかけて、労働することである。自然に働きかけて、ものを生産し、それによって生きることである。労働し生産して、人間の類的本質（社会的共存）を実現する、それが人間のほんとうのありかたであり、それが人間の真の自由なのである。つまり、生産的労働こそ自己の実現であり、類をなしている人間のありかたであり、本質なのである。

ところが現状はどうであろうか。市民社会のなかでは、逆になっている。労働の実現の成果、いいかえるならば、労働者が生産した生産物は、かれの本質の実現であるはずである。ところが、市民社会では、この生産物は、それをつくった労働者のものではなくなっている。自分のものであるはずの生産物が、自分のものでなくなっている。労働者のものではないどころか、労働者によそよそしい疎遠なものとして対抗し、労働者を隷従させ、労働者を苦しめている。自己の実現が、非実現となっている。自己の本質の獲得であるべきものが、ここでは喪失となっている。つまり、労働もしなかった人、自己を実現しなかった人に、独占され私有されている。生産物がかんじんの実現者（生産者）によそよそしく対立し、かれを苦しめ、奴隷にしている。労働者は、みずからの実現としての富を多く生産すればするほど、生産の力と量を増大すればするほど、ますます貧しくなる。

要するに、労働によって自分自身を、自分の本質を、人間という類の本質を、実現していくことができなくなっている。労働によってものをつくり、もってみずからを豊かにしていくという人間らしさから、見はなされている。それが、「疎外」といわれる現象である。

しかし、市民社会でのこの疎外は、たんに生産の結果（生産物）においてだけではない。生産活動そのものの、つまり人間が自己の本質を実現するプロセスそのものが、すでによそよそしいものとなり、他人のものとなり、かれじしんには属していない。だから労働者は、労働していることにみずからの創造の喜びや幸福を感じないで、苦痛や不幸を感じる。自由な自己実現のはたらきは、肉体的・精神的エネルギーを発展させることなく、逆に肉体を辛苦させ、精神を荒廃させる。だから、労働者は、労働のなかで苦痛を感じ、労働しないときに自由やアト＝ホームを感じる。市民社会での労働は、苦難であり、自己犠牲であり、他人のものとなっている。労働者の生産活動は、自己活動、自己実現ではなく、他人の所有に帰している。

人間は類的存在であった。すなわち人間は、人間の全体を考え、自由に、人類全体のために他の人たちや自然にはたらきかける。そういう活動や労働は、人間の肉体的・精神的能力の開発・向上であり、人間の無限の可能性の展開である。人間は、ともに労働し活動し実践し、ともに無限に自己を発展させ豊かにし、もって共存の人類をみのらせていく。だが、みずからの利己的欲求を追い、すべてを利己的生活の手段としてしまう市民社会では、人間の類的本質、人類の共同性は見失われ、喪失され、疎外されてしまう。

したがって、利己的欲求の充足を求めてやまない市民社会では、人は、たがいに対立し敵対しあわなくてはならない。人が互いに相よって類を実現するということから疎外され、互いが互いにたいして敵であるという関係におかれる。

こういう疎外状況は、労働者だけのことではない。形はことなっているけれども、資本家のがわにおいても同じである。かれらもまた利己的な欲求の充足を求め、私有を求め、他を排斥する。類としての人間の本質を失ない、すべてを利己の手段にしている。かれらもまた、ものに隷従し、カネの奴隷となってもがいている。人間的な創造のよろこびは、ひとかけらもなく失われている。

こういう逆さまの状態、疎外は、いったいどこに由来するのであろうか。それは、利己的で、排他的で、たがいに他人のものをうばいとって私有することを原理とする、市民社会そのものに根ざしている。だから原因は、そういう市民社会そのものをつくりだした人間自身にある。

そこで、われわれは、この疎外という逆さまの状況を、自由なほんとうのものへもどさなくてはならない。そのためには、私有財産を、真に人間的にして社会的な財にしなくてはならない。ここに社会主義ないし共産主義の問題がある。そしてそれは、疎外ないし隷従の極にある労働者の解放を通してのみ可能となる。労働者階級の解放は、同時に、人間の解放である。まったく疎外されてしまっている労働者階級の解放なくしては、人間全体の真の解放はありえない。

こうしてマルクスは、市民社会の私有制度のなかに、労働者の隷従・貧困・非人間化の因をみた。したがって、こういう市民社会からの解放（市民社会ないし私有制の廃止）のなかに、労働者の解放を、人間の解放を、人間の真の創造的自由を、真の人間らしさの実現を、みたのである。

『聖家族』で聖家族の仮面をはぐ

マルクスはさらに、このノートをも利用しつつ、エンゲルスといっしょになって、『聖家族』をつくりあげた。この『聖家族』の副題目には、「別名、批判的批判の批判、ブルーノー＝バウエルとその伴侶《はんりょ》を駁《ばく》す」とある。あきらかに、バウエル一派を批判したものである。『聖家族』というのは、このバウエル一派をひにくっていったのであり、「批判的批判」というのは、やはり、かれらの哲学的批判をひやかした言葉である。つまりこの『聖家族』という本は、神聖なるバウエル家族（バウエル一派）の仮面をはぎ、かれらの「批判的批判」を批判し反駁《はんばく》したものである。

すでに、『ライン新聞』時代、バウエル一派とマルクスとの間には、深い溝ができてしまっていた。バウエル一派は、政治・経済などの現実に批判のほこをむけるマルクスには、ついて行けなかった。かれらは、「大衆」を馬鹿にし、いよいよもって純粋な哲学的批判のなかに、ドイツの進歩の道を求めようとした。すでに現実を問題にし、現実を批判していたマルクスにとっては、このような、のぼせあがった思弁哲学の妄《もう》想《そう》は、批判され打破されなくてはならなかった。すでにプロレタリアートの歴史的な役わりをとらえていたマルクスには、大衆の侮蔑《ぶべつ》は、ゆるせなかった。

そこで、マルクスは、こう反駁するのである。

プロレタリアートと富ないし富の私有者とは、対立する。が、有産者が引きつづいて生きるためには、対立するプロレタリアートもまた、存続しなくてはならない。富は、このプロレタリアートによってつくりだされるのだから。ところが、プロレタリアートのほうは、いつ首になり、いつ失業するかわからない。こんな不安な隷属《れいぞく》はごめんである。しかし、富がつくりだされるとともに、プロレタリアートの精神的・肉体的貧困が、非人間化がつくりだされる。プロレタリアートは、他人の富とともに、みずからの窮乏を生みだすのである。もちろん有産階級も、プロレタリアートと同じように、人間らしさを失い、人間としてのほんとうの姿から疎外《そがい》されていた。ただ、有産者は、こういう自己疎外のなかで（市民社会のなかで）、安楽と快適を感じている。ところがプロレタリアートは、ここで無力、貧困、非人間的生存、見捨てられた姿、を感じている。だから有産者は、この現状、この対立を保守し維持しようとする。反対にプロレタリアートは、これを絶滅しようとするのである。

私有財産としての富をつくりだす市民社会は、こうして、みずからのなかに、市民社会じしんに反逆し、市民社会を否定するものを生みだすのである。また、生みださないわけにはいかないのである。有無をいわせぬ貧困——肉体的・精神的窮乏——のなかに追いやられているがゆえに、プロレタリアートは、反逆しないわけにはいかない。非人間化の極におかれているがゆえに、みずからを解放しないわけにはいかない。そのの解放のためには、みずからの生活状況を廃止しないわけにはいかない。つまり非人間化の集中ともいうべきプロレタリアートを生みだしている非人間的生活条件（私有制的市民社会）を、廃止しなくてはならない。それなくしては、プロレタリアートの解放（それは、同時に人間解放）はありえない。いっさいの人間らしさを奪われ、非人間化の頂点におかれているプロレタリアートには、こういう人間解放という世界史的使命があたえられているのである。

ところが、バウエル一派は、自分たちだけが歴史の創造的要素であり、歴史的対立を廃止できると考えている。まことにおめでたい聖家族といわねばなるまい。……

マルクスは、このように批判し反駁《はんばく》する。それは、すでに、のちほどの大著『資本論』を、ほうふつさせるのである。

逆だちしているヘーゲル哲学

パリー時代、マルクスは、経済学の研究への方向をとった。が、それは同時に、ヘーゲル哲学の批判的検討であるとともに、新しい人間解放の哲学への方向であった。さきにマルクスは、『独仏年誌』のなかで、ヘーゲルの『法哲学』に批判のほこを向けた。『経済学・哲学手稿』や『聖家族』においては、さらに、ヘーゲル哲学のはじまりであり秘密である『精神現象学』を批判の相手とした。

『精神現象学』は、その名のごとく、精神があれこれの姿をとってあらわれるありさまを、のべたものである。ヘーゲルは、そのような精神の現象を、精神が発達していく運動としてとらえた。このように、ものごとを、発展的な運動としてとらえる考えかたが、弁証法《べんしょうほう》とよばれるものである。

ところで、ヘーゲルは、そのような精神が、人間の本質であり、世界のいっさいの根本であると考えた。かれによれば、自然も、人間も、世界も、それらのすべては、精神によって生みだされたものであり、純粋な精神の運動である。むずかしくいえば、精神の弁証法的展開なのである。それは、精神の労働であり、それの成果であるといえよう。あるいは、精神が、みずから具体的なものの姿をとって（対象化して）、みずからを実現していくプロセスである。そして精神とは、まことに矛盾したものである。自己をあらわし、自己を実現するためには、精神は、自己でないようなもの、自己とは疎遠なもの（疎外されたもの）、自己に反抗するものを生産する。したがってそれを否定しそれを克服して、精神の精神たるゆえんを、取りかえさなくてはならない。精神とは、こういう矛盾した否定の運動なのである。

こうしたヘーゲルの考えかたは、まことにすばらしいもののかずかずをふくんでいた。運動、発展、対象化、疎外、労働、矛盾、否定的運動……など。そして、この弁証法的な考えかたが、大きくマルクスの心をとらえたのだった。

ただ問題は、いっさいの根本ないし本質を、精神とみたことである。つまり、ヘーゲルの弁証法は、精神の弁証法であった。運動といい、発展といい、対象化といい、疎外といい、労働といい、矛盾といい、創造といい、それらはすべて精神の運動であり、発展であり、……創造であった。

だが、そうだろうか、とマルクス反問する。そんなバカなことはないと、精神の弁証法を批判し反駁する。精神の運動のごときは、人間の頭脳の運動にすぎない。つまり、人間の思惟にほかならない。人間の意識の創造である神が、逆に創造主と考えられ、人間を支配した。神によって、人間は人間の本質を喪失し、疎外された。だが、それ（宗教）は、人間のこの現実（人間の人間らしさや、人間の真の自由を失わせている現実）が産みだした夢であり妄想であった。ヘーゲルの「精神弁証法」もまた、空想された「神の創造」のようなものである。宗教のばあい、神と人間とが逆さまになっていたごとく、ヘーゲル哲学のばあい、精神と人間的現実とが、逆さまになっている。宗教が、不幸な現実の妄想であり、夢であり、反映であったように、ヘーゲルの精神弁証法は、このゆがんだ現実（市民社会）の反映であるといえよう。神秘の仮面をはいでみれば、ヘーゲル弁証法は、人間を疎外させ人間を非人間にしているこの現実の、意識的産物なのである。

神と人間とが逆さまになっている、と、フォイエルバッハは宗教を批判した。それによって新しい人間の哲学（人間学）を提起した。これは、かれの偉大な業績であった。だが、さきにふれたごとく、フォイエルバッハは、この人間をたんに感性的なものとし、人間の類を、感性的・アトム的人間のたんなる集合とみた。そのため、人間的現実を、実践的・社会的に運動するものとしてとらえることができなかった。

いま、マルクスは、ヘーゲルをこえ、フォイエルバッハをこえていく。ヘーゲルの精神弁証法をこえ、フォイエルバッハの唯物論をこえていく。しかし、フォイエルバッハから大きな影響をうけたごとく、ヘーゲルからも大きな教えをうけた。すなわち、ヘーゲルからうけた弁証法こそは、マルクスが市民社会を分析し批判し、人間解放の哲学（科学的社会主義）を展開するための、不可欠の武器であり、方法であった。マルクスは、のちほどの大著『資本論』の第二版のあとがきのなかで、ヘーゲルこそ自分の偉大な先生であることを公言している。さらにマルクスはいう。弁証法は、ヘーゲルによってはじめて、包括的・意識的に叙述された。ただかれにあっては、弁証法は逆だちしている。だから、それをひっくり返さねばならない、と。

古典経済学ならびに空想的社会主義の克服

人間が人間らしさを失って疎外されていること。したがって人間は、類としての人間の人間らしさ（類的本質）をとりもどさなくてはならないこと。そのためには、こういう人間疎外や類的本質の喪失をもたらしている私有制（市民社会）を廃止しなくてはならないこと。そしてそういう革命の実行者がプロレタリアートであること。……こういうマルクスの把握は、他方では、同時に、スミス、リカードなどの国民経済学（古典経済学）にたいする批判であり、それとの対決であった。かれらは、私有財産が労働にもとづくことをみぬいた。しかし、かれらは、市民社会や私有財産を是認《ぜにん》し、それを前提する。したがって、労働にもとづく私有財産の運動法則をたんに分析するだけで、そこでの人間疎外、わけても労働者の隷従や人間性喪失をみぬくことはできなかった。まして、私有制の廃止が、人間解放の道であることを分析することはできなかった。マルクスは、国民経済学を勉強するとともに、それをこえていったのである。

マルクスの理論的発展は、また他方では、フランスの初期社会主義ないし初期共産主義の克服であった。パリにやってきたマルクスは、かねての念願である、社会主義や共産主義の研究ととりくんだ。当時のフランス、とくにパリには、社会主義的・共産主義的な思想や運動——といっても、多くは秘密運動だが——が、たむろしていた。パリは、サン＝シモンやフーリエの流れをくむものをはじめ、バブーフの初期共産主義をうけつぐブランキー主義者、カベー、デザミ、ルイ＝ブラン、プルードンなど、まったく数多くの社会主義者や共産主義者のるつぼのようであった。ドイツの亡命者からなる「正義者同盟」の理論的指導者は、当時のドイツ共産主義の代表ともいうべき、ヴァイトリンクであった。

これらの思想のなかには、階級や階級闘争を問題にしたものもある。しかし、そうじて、啓蒙主義的理性の立場を、じゅうぶんこえてはいなかった。かれらは、現実の矛盾、現実の不自由や不平等に眼を向け、真の実質的な自由と平等を要求した。しかし、その批判や解決を、理性にてらして考えた。そのため、矛盾のない理想社会をつくるために、あるものは、資本家や中産層や政治家の理性に訴えた。あるものは、共産主義的模範を示そうとした。あるものは、理論だけを高くかかげた。あるものは、いきなり武装蜂起《ほうき》した。

しかしそれらは、マルクスによれば、空想的であり、非現実的であった。マルクスは、さきにみてきたごとく、プロレタリア階級による社会革命のなかに、真の自由と平等、真の人間解放への道をみいだしたのであった。かれは、ドイツ亡命者たちの発行する『フォーアヴェルツ』(前進)紙で、大衆をさげすむルーゲを批判した。シュレージエンの「織工暴動」を高く評価した。ドイツ＝ブルジョアジーにたいするプロレタリアートの最初の階級闘争を、そこにみたのである。かれは、こうして、当時のフランスの社会主義や共産主義を克服していったのである。

パリ時代、わずか一年三か月たらずのそれは、じつに実のりの多い年月であった。

唯物史観と剰余価値論の育成

追放されてブリュッセルへ　ドイツからの亡命者たちによって発行されていた、週二回の『フォーアヴェルツ』（『前進』）紙は、さかんに、ドイツ、とくにプロイセンを批判し攻撃していた。とくにマルクスは同紙で、シュレージエンの織工暴動をたたえ、ドイツ＝プロレタリアートのたくましい成長と、社会主義にたいするかれらのすぐれた素質を力説した。

プロイセンは、この新聞に注目し、フランス政府に、取り締まりと処罰を要求した。ときにフランスでは、保守反動のギゾーが台頭して、政府内の実力者となっていた。ギゾーといえども、フランス国民の手前上、ドイツの保守反動の手先にはなりたくなかった。しかし、プロイセンの強い要求で、ついに、『フォーアヴェルツ』にたてこもるやからを、追放しないわけにはいかなかった。（ただ、忠誠をちかったルーゲと、名声の高いハイネとは、追放をまぬがれた。）

パリ退去の命をうけたマルクスは、一八四五年二月三日、ハインリヒ＝ビュルゲルス（パリに亡命していた、ケルンの共産主義者）とともに、実のりの多かったパリをあとに、ベルギーのブリュッセルへ向かっ

いっしょに勉強するマルクスとエンゲルス(1845年イギリスのマンチェスターで)

た。すでに身重《みおも》になっていた夫人と娘とは、ややおくれて当地へ移った。そしてここブリュッセルで、マルクスは、ただちに、パリではじめた経済学の勉強にとりかかった。いうまでもなく、市民社会を解剖し、革命の力であるプロレタリアートに、精神的・科学的な武器をあたえるために。

ちょうど、春四月、親友エンゲルスも、バルメンからブリュッセルに移転してきた。二人は、パリで会っていらい、たえず手紙で思想の交換をつづけてきた。が、いま、じかにあって話しあってみれば、二人は、のちほど「唯物史観」とよばれるにいたる新世界観の大要に、ほぼ到達していた。二人は、つれだって、約六週間、イギリスへ旅した。マルクスは、はじめて、イギリスの資本主義や、労働者のチャーチスト運動に直接ふれることができた。また、ロンドンの「正義者同盟」とも連絡をとることができた。

ますます自信をえた二人は、そこで、ヘーゲルいらいのドイツ哲学の観念論的見解にたいする対立的見解を、共同でまとめあげ、かれらじしんの以前の哲学的意識を、決算しようとした。

観念論的見解というのは、頭であれこれ考えめぐらし、頭でつくりあげた像が、ただちに現実に存在するかのごとくみなす、非現実的で、神がかった哲学のことである。それは、ものごとを眺めてあれこれ解釈しているだけで、実践や変革をめざさない。これに対立する見解（それは「唯物論的見解」ともいうべきもの）は、ものごとを、現実の自然的・政治的・経済的・社会的な関連ないし運動のなかで考える。それは、自然をもふくめた世界のいっさいを、運動し、変化し、関係するものとして把握する（「唯物弁証法」とよばれている考えかた）。そして、この唯物弁証法が人間の世界ないし歴史に適用されたものが、「唯物史観」（または「史的唯物論」）とよばれるものである。

ところで、マルクスとエンゲルスの二人は、いま、この唯物史観とよばれるような、まったく新しい世界観に到達したという。この新しい見解は、どういう形で、どのようにまとめあげられるのだろうか。

『ドイツ＝イデオロギー』

この企ては、ヘーゲル以後の哲学を批判するという形で、遂行された。共同作業は、四五年の夏ごろからはじめられ、『ドイツ＝イデオロギー――フォイエルバッハ・ブルーノー＝バウエル・シュティルナーを代表者とする最近のドイツ哲学にたいする、ならびに種々の予言者たちにあらわれたドイツ社会主義にたいする批判』という名で、出版されるはずになっていた。ところが、四五年の七月なかば、ヴェストファーレンの出版社から、事情がかわったので出版できないとの通知をうけた。二人は、「気前よく、その草稿をネズミどもがかじって批判するのにまかせた。」いくたびか、この稿のことを思いだしながらも、ついに二人は、生前中に、これを発表する機会をもたなかった。書かれてから八六年後の一九三二年、こんにちのような形で公表された。しかしながい年月のあいだの破損や欠落のため、現在のものにも問題があった。さいきん、ソ連から、また、改訂版が発表された。

とまれ『ドイツ＝イデオロギー』は、さきの題名が示すごとく、一方、フォイエルバッハ・バウエルなどの、ヘーゲル後のドイツ哲学を批判する。他方、グリューン・ヘスなどの、いわゆる真正社会主義を批判する。つまり、立ち遅れたドイツでの「イデオロギー」（ドイツの哲学的意識）が、抽象的で、非現実的で、具体性のない哲学的空論だとするのである。そしてこういう無気力な観念論こそ、じつは、立ち遅れたドイツの現状を反映し、この現状に対応するのだ、というのである。どんなに革新的な西欧の思想も、それが立ち遅れのドイツにはいると、その思想を生みだした社会基盤から引きはなされて、たんに頭だけの問題としてもてあそばれ、あれこれ解釈されるだけのものとなる。まさに、問題は実践であり、革命であるのだが。……このように、『ドイツ＝イデオロギー』は、ドイツのイデオロギーを批判する。

そこでマルクスは、『フォイエルバッハにかんするテーゼ』（これも、当時のマルクスの草稿の一部である）のなかで、批判を通して、実践する社会的・歴史的人間を、ほんとうの人間として提示する。人間がつくった歴史的・社会的環境のなかでつくられながら、さらに環境を活動的につくりかえ、変革していく人間を。作りつつ作られ、作られつつ作る人間を。

では、こういう人間の歴史は、全体として、どういう構造をもっているのだろうか。われわれは、歴史を、どのようなものとして考えればよいのだろうか。マルクスのいうところを、かいつまんでやさしくいえば、こうなろう。ものの生産と関連している人間関係、それが歴史の基礎である。そしてこの基礎にもとづいて、宗教・哲学・道徳などの意識形態がつくられる。つまり意識から生活が生まれるのでなく、逆に生活から意識の種々の形態が生まれるのである。そして、こういう関連で、生産過程・人間関係・意識形態は発展し展開し、種々の段階をとっていく。歴史を、そういう発展段階としてとらえることこそ、わが歴史観である、と。マルクスとエンゲルスは、こういう歴史観ないし世界観に到達したのである。そこには、まだ不明確な、勉強のたりないところもある。が、とにかくここに、われわれは、唯物史観とよばれるものの大要が、ほぼ把握され表現されているのをみるであろう。

『哲学の貧困』

ざんねんなことには、『ドイツ＝イデオロギー』は、出版できず、ネズミどものかじる批判にまかせなくてはならなかった。じつは、この本の出版を助けるはずだったパトロンが、とつぜん援助をことわったのである。

が、マルクスは、おりをみてはせっせと経済学の勉強をつづけた。このころ、共産主義の実践活動のために、マルクスの日常は、と

ネズミのかじる批判にまかせられた『ドイツ＝イデオロギー』の草稿
（左はエンゲルスの字，右下はマルクスの字）

みにせわしさを増していた。にもかかわらず、かれは、寸暇をおしんで勉強し、ぬきがきのノートをつくっていった。こうして、経済学にかんするマルクスの最初の著作ともいうべき『哲学の貧困――プルードン君の貧困の哲学にたいする回答』が、世にでた（一八四七年七月）。

この書は、その副題目が暗示しているごとく、プルードンの『貧困の哲学』（正しくは、『経済的諸矛盾の体系、あるいは貧困の哲学』）を批判し反ばくしたものである。

プルードンは、フランスの貧しい桶屋さんの家に生まれ、印刷工となって勉強した。貧しくて、しかも頭のよいこの青年は、世の不平等にするどい批判を向け、私有財産に疑問をいだかないわけにはいかなかった。一八四〇年『財産とはなにか』をあらわし、「財産、それは盗みだ！」と結論して、大きな波もんをまきおこした。しかしかれは、私有財産そのものをすべて否定したのではなかった。盗品だとして否定したのは、ひたいに汗を流す労働にもとづかない不労所得（小作料・家賃・地代・利子・利潤など）である。それゆえかれがめざした社会は、働く人たち（労働者）が、みんなそれにふさわしい貯蓄をもち、それで工場を買い、小財産を所有して幸福になるという状態だった。したがって、私有財産を廃止して共有にするというのではなかった。こういう考えは、中産者とか労働者など、いわゆる小市民には、魅力《みりょく》があった。マルクスもまたこの本を読んで、たいへん感心した。パリ時代、マルクスは、このプルードンと親しくまじわっている。

そのプルードンは、リカードの労働価値説とかヘーゲルの弁証法から影響をうけ、四六年の末に、さきの

『貧困の哲学』を世に出した。それは、経済現象の善い面は残して、悪い面を除去しろという。つまり、このゆがんだ社会の革命をしないで、悪い面だけを除去すればよいという、一種の改良主義なのである。しかもこういう説は、フランスやドイツの小市民のあいだで、なかなか人気があった。それゆえマルクスは、まっこうからこれに立ちむかって、反ばくし、その影響を除去しなくてはならなかった。こういう形で矛盾や貧困が除去できると考える『貧困の哲学』にたいし、その哲学の貧困さをあばかなくてはならない。それが、マルクスの『哲学の貧困』なのである。

剰余価値論の芽と唯物史観の発展

そこで『哲学の貧困』は、『貧困の哲学』を、こう批判する。プルードンが、労働者の賃金と、その賃金による労働によって生産された生産物の価値とが同じだとするのは、とんでもない。賃金とは、労働者の生存と繁殖（家庭生活）のために必要不可欠なお金《かね》（価値）のことである。この賃金と、この賃金のもとで労働者によって生産されたものの価値とは、けっして同一ではない。同一だとするプルードンは、とんでもない誤解をしている。同一ではないから、賃金によって、自分の生産物のねうちと等しいものを、つまり自分の労働時間に相当する値うちのものを、手にいれることはできない。逆に、労働者は、働いて富をつくればつくるほど、ますますその富から見捨てられて、貧乏になる。賃金は、プロレタリアートを解放するどころか、宿命的にかれらを奴隷にしておく公式なのである、と。そこには、すでに、労働者が、賃金に相当する時間より以上に働いて、無償の、いわゆる不払労働を生みだすという剰余価値理論が、ほのめかされている。

さらにマルクスは、プルードンの借物の貧しい弁証法を批判し、みずからの唯物史観を対置する。「さすがに魚は、その本質の姿で泳いだ」と評せられるごとく、マルクスは、『ドイツ＝イデオロギー』での弁証法を、いっそう具体化していく。

マルクスはいう。

新しい生産力を獲得すると、人間は、かれらの生産様式を変える。生産様式を変えるとともに、かれらの社会生活の様式を変える。手引《てびき》きの臼が封建君主の社会を生み、蒸気の臼が産業資本家の社会を生むように。物質的生産力に応じて社会関係をうちたてる人間は、またこの社会関係にしたがってもろもろの思想をつくりだす。こうして、増大していく生産力の運動に応じて、社会関係や思想も、歴史的に変遷し運動していくのである。

ところで、産業資本家であるブルジョアジーが発達するにつれて、その胎内《たいない》には、一つの新しい敵対的な階級、プロレタリアが発達する。ブルジョアの富が生産されるブルジョア市民社会のなかで、プロレタリアの貧困もまた生産される。そこで、富めるブルジョア階級との間の闘争が発展する。ブルジョア社会のなかで、この社会を退歩させ打ち破ろうとする一つの力が育成される。

古い経済学者がブルジョア階級の科学的代表者であると同様に、社会主義者と共産主義者とは、プロレタリア階級の理論家なのである。ところがプルードン君ときたら、古い経済学と新しい共産主義の両方を批判し、それらを弁証法的に総合しようとする。かれは科学者として、ブルジョアとプロレタリアとの上を天がけろうとする。なんという貧困な弁証法哲学なんだろう。かれは、資本と労働との間を、経済学と共産主義との間を、たえずゆれ動くプチ＝ブルジョア（小市民）にすぎない、と。

『賃労働と資本』

エンゲルスは、有名な『空想から科学へ』という本のなかで、こういっている。「二つの偉大な発見、すなわち、唯物史観と、剰余価値による資本主義的生産の秘密の暴露《ばくろ》とを、われわれはマルクスに負っている。これらの発見によって、社会主義は一つの科学になった」と。

この唯物史観と剰余価値とが育成され確立される過程を、いますこし追ってみよう。

ブリュッセルで、いろいろな実践活動にも関係していたマルクスは、一八四七年の暮れ、ある会（「ドイツ労働者協会」）で、二、三回、労働者のために経済学の講演をした。この講演をもとにして、一八四九年四月、『新ライン新聞』に、五回にわたって『賃労働と資本』をのせた。のち、この論文が一冊のパンフレットになって、公刊された。が、一八九一年の新版発行のさい、エンゲルスは、新しい序文をつけ、コトバに若干の訂正を加えた。訂正は、「労働」と「労働力」というコトバの区別をはっきりさせるためであった。「労働力」とは、富を生産し、価値を創造する、人間の肉体的・精神的能力、つまり労働する力の全体のことである。「労働」とは、この労働力を使用して、富であるものを生産し、価値を創造するじっさいの働きのことである。「労働力」よりほかになにものも所有しない労働者は、賃金とひきかえに資本家にかれの労働力を売って、買主である資本家のために労働し、資本家の富を創造する。マルクスは、こういう関係を把あくしていた。にもかかわらず、労働力の価値というべきところを、労働の価値などと誤記した。エンゲルスは、こうした誤りないしアイマイさを、訂正したのである。訂正は、マルクスの意図をよりはっきりさせるものであるから、わたしは、つぎに、この訂正されたものによって、マルクス理論の深まりをたどってみよう。

一、労働力の販売、賃金　賃金とはなにか？　そしてそれは、どのようにしてきめられるのだろうか。ふつう賃金とは、一定の労働給付にたいして資本家が支払う貨幣額のようにみえる。資本家は貨幣をもって労働者の労働を買い、労働者は貨幣とひきかえに資本家に自分たちの労働を売るようにみえる。だが、それはそうみえるだけで、じつは、労働者が貨幣とひきかえに売るのは、かれの労働力である。だから賃金とは、この、労働者という人間の血肉のなかにやどっている、労働力という独特の商品の価格なのである。労働者は資本家に、この労働力という商品を売るのである。なぜそれを売るのか？　生きるためである。なぜ売らねばならぬのか？　この血肉のなかの働く力いがいに、売るべきなにものも所有しないからである。

ほんらい、人間が労働力をはたらかせること、すなわち労働は、人間じしんの生命の活動であり実現であった。ところが、労働者は、この実現のための力を、生きるために売ってしまった。売らなくては生きられなかった。そこでは、したがって、かれの生命力の発現としての労働も、またその成果としての生産物も、かれのものでなくなっている。かれによそよそしく敵対するものとなっている（労働からの、また生産物からの疎外）。そのため、労働者のたのしい生活は、他人のものとなっている生産労働のやむところで、すなわち、食卓で、居酒屋で、寝床で、はじまるのである。

こうして、労働者は、生きようとするかぎり、資本家階級をすてることはできない。買手である資本家をみつけて、だいじな人間としての本質を売りわたさなくてはならない。自己を喪失し、買主の意のままに肉をすりへらさなくてはならない。

二、労働力商品の価格（賃金額）　労働力という商品の価格、すなわち賃金の高は、なにによってきめられるのか？　売手の間に競争がおこり、それがこの商品の価格をおしさげる。しかし買手のあいだにも競争がおこり、それが、こんどは、商品の価格をひきあげる。さいごに、買手と売手のあいだに競争がおこる。一方はできるだけ安く買おうとし、他方はできるだけ高く売ろうとする。このさいごの競争の結末は、買手軍の団結いかんと、売手軍の団結のもようとの関係によってきまるだろう。ところで、価格があがりさがりすることの規準となるものは、その商品の生産費である。つまり商品の価格は、その生産費によってきめられる。価格が生産費によってきめられるというのは、価格が、その商品を生産するのに必要な労働時間によってきめられるというにひとしい。

さて、このことは、労働力という商品の価格、すなわち賃金についても同様である。つまり賃金は、労働力という商品の生産費（労働力という商品を生産するのに必要な労働時間）によってきめられるであろう。労働力という商品の生産費（あるいは、労働力という商品を生産するに必要な労働時間）とはなにか？　それは、労働者を労働者として維持し、さらにつぎつぎと続く労働者をそだてあげるために必要な、生活費のことでもある。つまり、労働者の生存費と繁殖費（子どもを産み育てる費用）ということになる。

三、資本とは？ さきに、『哲学の貧困』であきらかにしたごとく、ものの生産力が変化し発展するにつれて、その生産力を活用して生産するための社会関係（社会的生産関係）は、変化し変動した。古代社会、封建社会、ブルジョア市民社会は、そういう生産関係の総体のいろいろな姿であり、そして、それぞれ、人類の歴史上の特別な発展段階をあらわしている。

資本もまた、ひとつの社会的生産関係、すなわちブルジョア的生産関係のあらわれであり、ブルジョア生産関係そのものを代表している。どういう意味においてであろうか。

資本は、原料・機械・生活資料などから構成されている。しかしこれらのものは、同時に社会的に生産された商品であり、したがって交換価値をもったものである。それは、生産的労働によって生産されたものである。そのかぎり、過去の労働の蓄積である。労働者の血と汗の結晶である。ところが、こういう過去の労働の蓄積ないし結晶である「もの」＝「価値」は、生きた労働力（労働者の労働力）と結合することによって、みずからを維持するだけでなく、みずからを増殖するのである。蓄積された一定の価値が自己増殖する。そのさい、その一定のもとの価値が資本という性格をうるのである。だからわれわれの家財などは、資本ではない。資本とは、自分の価値をふやしていくことができる力をもった価値のことである。どうしてふやせるのか？ 生きた労働力を手にいれることによってである。

資本を所有する資本家は、資本の一部である生活資料をもって、労働者の労働力を買いいれる。（手続きとしては、資本家は賃金をあたえて労働力を買い、労働者は、その賃金で生活費を手に入れる。）たとえば一日五〇〇円で、労働者を日雇いする。労働者は、五〇〇円で、みずからの労働力を一日間売りわたした。買い入れ雇いいれた以上、これをどう使用するかは、買主の自由である。買主（資本家）は、五〇〇円分だけ働かせてすますようなことは決してしない。かならずそれ以上、たとえば、さらに五〇〇円分、計一〇〇〇円分働かせる。四時間働かして五〇〇円が取りもどせるなら、さらに四時間、計八時間働かすのである。つまり買いいれた価値の二倍分使用する。買主の当然の権利ないし自由として。こうして、資本家のもつ金《か》銭《ね》（価値）は、みずからをふやすことのできる金《か》銭《ね》（価値）として、資本となるのである。

こうして資本は、賃金労働がなくては生存できない。資本は労働力を買い入れ、労働力を搾《さく》取《しゅ》しなくては破滅する。逆に労働者は、資本がやとってくれなければ破滅してしまう。だから、資本と賃労働、資本家と賃労働者という生産関係があってはじめて、資本は資本として、労働者は労働者として、みずからを存続させることができる。それだから、両者の利害は同一なのだ、とブルジョアやその経済学者はいう。その通りだ！　だが、資本である富が増大する（増大させるのは、じつは労働者！）とは、労働者（生きた労働）を支配する、資本（蓄積された労働）の力が増大することである。労働者階級にたいするブルジョアジーの支配が増大することである。賃労働者が賃労働者であるかぎりは、かれの運命は、永久に資本に依存し、資本に隷従している。資本は、労働者を被支配・隷従の状態におく生産関係ないし階級関係をあらわしている。

四、労働者階級の相対的な貧困化　労働者が生産した商品の売りあげは、資本家にとっては、三つの部分にわかれる。第一は、かれが前払いした原料費のうめあわせ、また、前払いした道具・機械などの労働手段の磨損分のうめあわせ。第二は、前払いした賃金のうめあわせ。第三は、以上のものの超過分である資本家の利潤。

この第一の部分は、まえからあった価値を回収するにすぎない。これに反し、賃金のうめあわせも、超過分である資本家の利潤も、労働者の労働によってつくりだされ、原料につけ加えられた新しい価値から得られるものである。が、とにかくここでは、わけまえをめぐって、労働者の賃金と資本家の利潤とは、対立しないわけにはいかない。両者は反比例する。資本家のわけまえである利潤は、労働者のわけまえである賃金がさがるのに比例してあがり、賃金があがっただけさがる。資本・賃労働関係が存続するかぎり、資本家の利害と賃労働者の利害とは、まっこうから対立する。実質賃金が名目賃金と同時にあがっても、利潤に比例してあがらないなら――じじつ比例してあがらない！――、労働者と資本家とのへだたりは大きくなり、労働者は相対的に貧乏となる。資本の急速な増大によって労働者の収入がふえるにしても、両階級の溝はよりふかくなり、同時に、資本の支配力と賃労働の隷従化は増大する。

五、労働者の絶対的な貧困化　資本が増大すればするほど、労働者たちには相対的な賃金の低下がもたらされ、かれらは相対的に貧困化した。また資本（資本家）の支配と、賃労働（賃労働者）の隷従化との増大がもたらされた。

しかし、それのみではない。資本が増大すれば、分業と機械の使用とが進展する。労働は単純化し、職場の労働者の数は相対的に減少してくる。労働者のあいだの競争がはげしくなり、かれらの賃金をますます低下させ、かれらを貧困にする。他方また、分業や機械の進展は、大量の労働者から職をうばい、かれらを除隊兵（失業者）にさせてしまう。逆に、賃金の安い婦人や子どもを家庭から工場へ引っぱりだす。さらに、資本間の血まなこの競争は、弱小資本家を没落させて、労働者軍へおくりこむ。こうして社会全体は、少数の大資本家と、多数のプロレタリアート（しかも、それには多数の失業者がふくまれている！）とに二分していく。資本の増大、つまり富の増大は、他方の極である賃労働者階級に、こういう窮乏化、こういう失業化、こういう不安をもたらすのである。ますますはげしくなる恐慌《きょうこう》は、この過程をはやめ、この窮乏をますますいちじるしいものにしていく……と。

マルクスはまだ「剰余価値」というコトバを用いていない。にもかかわらず、すでにそこには、次のような内容が把握されている。すなわち、剰余価値によって、資本主義的生産の維持・拡大がもたらされること。そして、それが、労働者階級の運命にきわめて悲惨な結果をもたらすということ。さらに、この資本・賃労働という生産関係が、みずからのなかに矛盾や敵対関係を生みだしてくるということ、などが。

唯物史観の確立――『経済学批判』の序言

そうこうする間に、唯物史観のほうも、ますますはっきりした形をとっていった。さきに、宗教・哲学・道徳などの意識形態が、物質的な生活関係ないし経済関係にねざしていることがあきらかにされた。が、さらに法関係や国家形態のごときも、経済関係にもとづき、それの反映であることがはあくされてきたのである。だから、法や政治や国家などの本質も、それだけをあれこれいじくってみたところで、わかるものではない。またヘーゲルのいう「人間精神の一般的発展」から理解されるものではない。むしろそれらは、物質的生活関係にもとづいてはじめて、あきらかにされうるのである。マルクスのこういう考えかたは、有名な『経済学批判』の「序言」のなかで、きわめて明確な形で表現されるにいたった。『経済学批判』は、一八五九年の出版であるから、『哲学の貧困』や『賃労働と資本』が発表されてから、約一〇年後に世にでた。しかし、この「序言」は、明確な唯物史観が、すでにブリュッセル時代にかたまっていったことを示している。ややむずかしいが、マルクスのコトバをそのまま引用して、確立した唯物史観の姿を、つたえたいとおもう。

「経済学の研究を、わたしはパリではじめた。が、ギゾー氏の追放命令でブリュッセルにうつったので、ここでこの研究をつづけた。わたしの到達した一般的結論――そしてひとたびこれがえられてからは、それは、わたしのその後の研究の導きの糸となったのだが――は、かんたんに次のように定式化することができる。人間は生活するのに、共同してものを生産するのであるが、そのさい、かれらの意志いかんにかかわらず存在している、一定の関係、すなわち生産関係にはいらないわけにはいかない。この生産関係は、かれらの物質的生産力の一定の発展段階に対応する。この生産関係が、社会の経済構造を形づくっている。そして、これが現実の土台となって、そのうえに、法律的および政治的な上屋〔上部構造〕がそびえたつのである。またこの土台に適合して、一定の社会的意識形態のあれこれがつくられる。だから、物質的生活のためにものを生産する様式(生産様式)が、社会的・政治的ならびに精神的な生活過程いっぱんを左右するもととなるのである。つまり、人間の意識がかれらの存在を決めるのではなくて、逆に、人間の社会的存在が、かれらの意識を決めるのである。社会の物質的生産力は、それが発展してある段階にたっすると、まわりの生産関係もしくは所有関係(所有関係は、生産関係をたんに法律的にいいあらわしたものにすぎない)と矛盾するようになる。いままで、この生産力は、この生産関係ないし所有関係のなかで活動していたのであるが。そこで、現在の生産関係ないし所有関係は、生産力を発展さすためのものから、その桎梏《しっこく》へとかわる。このときに、社会革命の時代がはじまるのである。経済的基礎の変化につれて、巨大な上部構造の全体が、あるいは徐々に、あるいは急速に、くつがえる。このような諸変革を考察するに際しては、経済的な生産諸条件の変革と、法律・政治・宗教・芸術または哲学などといった諸形態、つまりイデオロギー的諸形態とを、つねに区別しなくてはならない。前者の変革は、物質的であって、自然科学的な正確さで確認できる。後者のイデオロギー的形態にあっては、人間は、そのなかで、さきの矛盾を意識し、それとたたかって決着をつけるのである。ある個人を判断するばあい、その個人が自分をどう考えているかということにたよれるものではない。同じように、このような変革の時代の意識は、その時代の意識から判断されるものではない。むしろこの時代の意識が、物質生活の矛盾から説明されなければならない。社会的生産力と生産関係との間に存する矛盾から解明されなくてはならない。構成された一つの社会のなかで、すべての生産力がもう発展の余地がないほどに発展しつくさないうちは、けっしてこの社会は崩壊《ほうかい》しない。また、新しい、より高度の生産関係のための物質的な諸条件が、古い社会の胎内で孵化《ふか》しおわるまでは、けっして、新しい関係が古いものにとってかわることはない。だから人間は、つねに自分が解決しうる課題だけを提起する。というのは、よく考えてみればわかるだろうが、問題そのものが発生するのは、それを解決するための物質的諸条件がすでに現存しているか、あるいは、すくなくとも成立しつつあるばあいに、かぎっている。大ざっぱにいって、つぎつぎに進歩していく、経済的な社会組織の段階として、アジア的・古代的・封建的・近代ブルジョア的の諸生産様式 をあげることができる。ブルジョア生産関係は、社会的生産過程の、最後の敵対的な形態である。ここに敵対的というのは、個人的な敵対の意味ではなくて、諸個人が社会的に生活していくうえでのいろいろな条件から生じてくる敵対のことである。しかし、ブルジョア社会の胎内で発展しつつある生産力は、同時に、この敵対を解決するための物質的条件をつくりだすのである。だから、このブルジョア社会をもって、人間社会の前史は、おわりをつげるのである。」(諸日本訳参照)

『共産党宣言』

生まれるまでの経過

パリ時代のマルクスは、当地の社会主義者や共産主義者とまじわった。ドイツ人亡命者からなる亡命者同盟や、そのなかの急進的なプロレタリアで構成されている正義者同盟などにも関係した。また、亡命者たちの出している『フォーアヴェルツ』（『前進』）にも寄稿した。しかし、かれは、こうした秘密結社の同盟員となることはなかった。同盟の個人的冒険主義や、暴力的革命主義には批判的であった。パリの正義者同盟は、「季節社」という冒険主義者の団体がおこした一八三九年の反乱にまきこまれて、壊滅《かいめつ》状態になった。指導者のカール＝シャッパーやハインリヒ＝バウアーは、ロンドンへ追放された。理論的指導者ヴァイトリンクは、スイスへのがれた。同盟員は、各地で、連絡のない小集団を組織しているというありさまであった。ただロンドンでは、シャッパー、バウアー、モル、さらにスイスからやってきたヴァイトリンクなどといった指導者をえて、活動は、かなり活発であった。

ブリュッセルにやってきたマルクスは、「問題は実践であり、革命である」という自分の理論を、まさにコトバ通りに実践へうつしていった。まず、マルクスとエンゲルスは、共産主義を国際的に宣伝し、共産主義者の国際的な組織をつくるため、さしあたって、「共産主義者通信委員会」をブリュッセルに設立した（一八四六年二月）。パリやロンドンの同志たちにむかって、協力をもとめた。

三月三〇日、「共産主義者通信委員会」の委員会が開かれた。八人の委員のなかには、マルクスのほか、ロンドンからブリュッセルにやってきたヴァイトリンクや、義弟のエドガー＝フォン＝ヴェストファーレン（イェニー夫人の弟）もいた。席上、マルクスは、ヴァイトリンク流の共産主義やグリューン流の真正社会主義をするどく批判した。ヴァイトリンクは、現実の市民社会の経済的分析を欠き、ルンペン＝プロレタリアートによる暴力革命を主張し、政治闘争を否定した。また、「真正社会主義」は、抽象的・哲学的な共産主義的空論を唱えていた。これに反しマルクスは、いまや唯物史観にもとづく共産主義革命の歴史的必然性と、プロレタリアートの歴史的使命とを把握していた。五月中旬の委員会は、ニューヨークで、センチメンタルなえせ共産主義的空想を宣伝しているクリーゲにたいし、抗議することを決議した。しかし、ここでも、うぬぼれが強くて頑固なヴァイトリンクは、ただ一人反対した。そのうえ、他の委員を中傷する手紙を、クリーゲに送った。かつてマルクスは、ヴァイトリンクの『調和と自由との保証』を、「天才的著作」としてたたえたこともあった。が、そのヴァイトリンクも、他人の言に耳を傾けることができず、まもなくアメリカへ去っていった。

通信委員会は、各国各地の共産主義者たちに呼びかけ、連絡網や賛成者をひろげていった。もちろん同調者のなかには、「正義者同盟」のメンバーが多かったと考えられる。すでにロンドンでは、シャッパー、バウアー、モルらの指導で、通信委員会が設立されていた。そのほか、各地に委員会ができていった。八月中旬には、エンゲルスは、宣伝と組織活動に従事するため、パリに移っていった。

あけて四七年の二月、ロンドン正義者同盟の代表として、モルがブリュッセルにやってきた。そして、マルクスとエンゲルスに、同盟に加入するよう勧告《かんこく》した。同時に、ロンドンの同志たちが、マルクスの批判的共産主義の正しさを認めていること、二人が加入してくれれば、マルクスの線にそって同盟を再組織し、マルクスの指導のもとに綱領を変更すること、を申しでた。二人はこの申し出をうけ、ブリュッセルの共産主義通信委員会は、同盟にはいった。

六月上旬、同盟の第一回大会がロンドンで開かれた。マルクスは、ざんねんながら、カネがないため行けなかった。が、エンゲルスがパリ代表として、ヴォルフがブリュッセル代表として出席した。大会は、同盟のてってい的な再組織を決議し、「共産主義者同盟」という名称を採択した。同盟の目的は、「ブルジョアジーの打倒、プロレタリアートの支配、階級対立にもとづく古いブルジョア社会の廃止、階級と私有財産制のない新しい社会の建設」であった。

ついで八月には、共産主義者同盟ブリュッセル支部および地区委員会が結成され、マルクスが支部長におされた。この支部の指導のもとに、「ドイツ労働者協会」が設立された。さらにマルクスは、民主主義協会にも関係して、その役員に選ばれた。……といったぐあいに、マルクスの日常はきわめて多忙であった。しかも多忙のなかで、かれは、さきにみたごとく、寸暇をおしんで勉強したのだった。

四七年の一一月下旬から一二月上旬にかけて、共産主義者同盟の第二回大会がロンドンで開かれた。これにはマルクスも出席した。大会は、長時間の討論の結果、マルクス・エンゲルスのたてた綱領原則を採択した。が同時に大会は、宣言の起草を、マルクス・エンゲルスの二人に一任した。本部からきびしい催促《さいそく》をうけながらも、四八年の一月下旬、稿はようやく完成して、ロンドンに送られた。宣言は、二月末、ロンドンで小冊子として刊行された。これが、世に有名な『共産党宣言』である。ときにマルクスは、まだ三〇歳たらずであり、エンゲルスは、二七歳をこしたばかりであった。

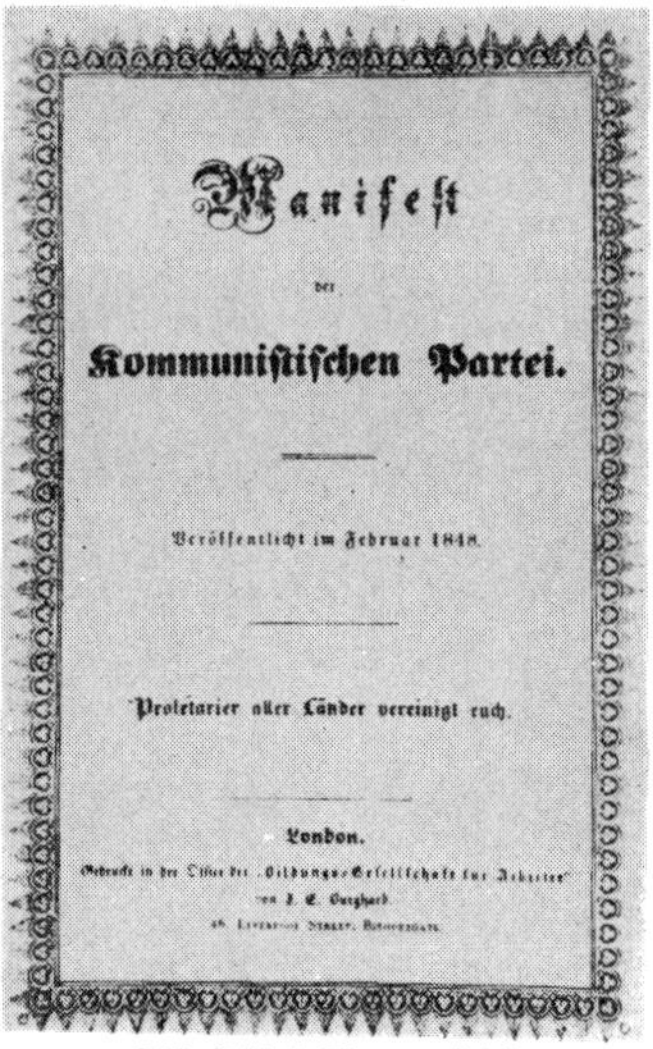

『共産党宣言』の表紙

目標と内容のあらすじ

『共産党宣言』は、「共産主義者同盟」の「理論的にして実践的な綱領」として作成された。しかもそれは、歴史の唯物弁証法的な発展を明らかにしたものである。とくに歴史の一段階としての資本主義の発展法則を、そのなかで生みだされてくる矛盾を、そして社会主義への移行の必然性を、宣言したものである。こういう歴史の法則を自覚し、これにしたがい、団結して革命に進むよう、万国の労働者に訴えたものである。

「ヨーロッパに一つの幽霊がでる――共産主義という幽霊が」というコトバの序言ではじまる宣言は、四つの章からなっている。㈠ブルジョアとプロレタリア、㈡プロレタリアと共産主義者、㈢社会主義的および共産主義的文献、㈣種々の反政府党にたいする共産主義者の立場、の四章から。

この「宣言」が世に出てから二五年後、すなわち一八七二年のドイツ語版への序文で、エンゲルスはこういっている。個々の点に関しては、ところどころ訂正しなくてはならない。さいきん二五年間の事情は、おおいに変化した。とくに大工業のはかり知れない進歩とか、労働者階級の党組織の進展とか、二月革命やパリ＝コンミューンなどでのプロレタリア階級の実践的諸経験とかを考えれば、「宣言」は、今日では、ところどころ時代おくれになっている。しかし、このなかにのべられている一般的な諸原則は、今日もなお、だいたいにおいて、完全な正しさをもっている、と。

ブルジョアとプロレタリア

いままでにあったすべての社会の歴史は、階級闘争の歴史であるとして、マルクス・エンゲルスは、まず現代の階級闘争を唯物史観的に分析する。

原始共産社会は別として、それ以後の社会は、ようするに抑圧する階級と抑圧される階級とがつねに対立して、あるときは暗々のうちに、あるときは公然と闘争を行なってきた。

領主対農奴、親方対職人、という階級闘争の歴史であった封建社会の没落から、近代のブルジョア社会が生まれた。このブルジョア社会もまた、階級対立を廃止しはしなかった。ただここでは、階級対立は単純化していった。全社会は、たがいに敵対する二大陣営に、たがいに対立する二大階級に、すなわちブルジョアジーとプロレタリアートとに、ますます分裂していった。

ブルジョア階級は、歴史上きわめて革命的な役割りを演じた。すなわち、かれらは、封建的・家父長的・牧歌的ないっさいの関係を打破し、かわりに、赤裸々《せきらら》な、利害・打算・「現金勘定」の関係をおいた。いいかえれば、宗教的・温情的・家族的なヴェールでつつんだ搾取《さくしゅ》のかわりに、あからさまな、恥しらずの、ろこつな搾取をおいた。

こうしてかれらブルジョアジーは、全世界を支配し、かれらの姿に型どって、物質的・精神的世界を創造した。かつてこれほど大規模の生産力があったであろうか。かれらは、人口を集中させ、生産手段を集中させ、財産を少数者に集中させた。その政治的なあらわれが、政治的中央集権であった。

だが、われわれは知っている。ブルジョア階級の土台をなす生産手段や交通手段が、封建社会のなかで作られたということを。つまり、封建的な生産関係ないし所有関係は、もはや、発展してきた生産力に適合しなくなった。封建的な生産関係は、生産を促進しないで阻害《そがい》する手かせ足かせとなった。したがって、その関係は打破されなくてはならなかった。そして打破された。かわって自由競争があらわれ、ふさわしい社会的・政治的制度があらわれ、ブルジョアジーの経済的・政治的支配があらわれた。

いま、同じ運命が、ブルジョア社会をおそっている。過剰生産・恐慌《きょうこう》という社会的疫病《えきびょう》をあげるだけでも十分であろう。それは、すばらしい生産力の、ブルジョア生産関係にたいする反逆である。すばらしい生産力が、ブルジョア的な生産関係ないし交易関係のなかでは、もはや生かされないのである。ブルジョア的諸関係は、いまや生産力の十分な発揮を阻止《そし》する桎梏《しっこく》となっているのである。

だがブルジョア階級は、ブルジョア階級を死においやろうとする人びとを、作りだした。すなわち、近代的労働者＝「プロレタリア」を作りだした。

ブルジョア階級が、すなわちブルジョア的富（資本）が発展するにつれて、プロレタリア階級も発展した。かれらプロレタリアは、みずからの肉体的・精神的能力いがいになにものをも所有しない。生きるために、この力（労働力）を、商品として、一日一日切り売りしなくてはならない。しかもかれらには、売る自由はあっても、買わせる権利はなかった。したがってかれらは、自分を買う資本（資本家）を見出し、資本を増殖するあいだだけ、自分を売ることができ、生きることができる。かれらは、資本の変遷や動揺やつごうにさらされる。さらに機械や分業の発達とともに、労働者は機械のたんなる付属物となる。そこでは、男子の労働は、ますます婦人や少年の労働のために押しのけられる。こうして、労働者じしんの価格＝賃金（労働者じしんの生計と子孫繁殖のための費用）は低下し、かれらは貧困化する。それどころか、買ってもらえるかもらえないか、生きるか死ぬか、の岐路にさらされる。かれらは、ブルジョア階級、ブルジョア国家の奴僕であるばかりでなく、現場の機械によって、監督者によって、個々のブルジョアによって、奴僕化される。さらに、資本の集中化・巨大化によって、中産者や小資本家や小農民が、競争にまけてプロレタリアートへ転落する。

が、それとともに、ブルジョア階級にたいするプロレタリア階級の闘争がはじまる。そしてそれは、ますます範囲をひろめ、量を増し、団結を強めていく。闘争のための集合や組合や同盟がつくられていく。この階級闘争は、同時に政治闘争である。闘争は、政治的革命によって、ブルジョア社会を打破しようとする。ブルジョアジーは、かれら自身の墓掘人を、みずから、ブルジョア社会のなかから生産するし、生産しないわけにはいかない。ブルジョアジーの没落と、プロレタリアートの勝利は、ともに不可避である。

プロレタリアと共産主義者

共産主義者は、プロレタリアいっぱんにたいして、どんな関係にあるのか？　共産主義者は、他のプロレタリアート党と、どこが違うのか？　この章はそれに答える。

共産主義者は、プロレタリア階級全体の利害からはなれた、どんな利害ももってはいない。ただ共産主義者は、他のプロレタリアート党とは異なって、一方では、万国のプロレタリアート全体の利益を強調し、それを実践的に貫徹する。他方では、プロレタリア運動の条件・進行・結果にたいし、他のプロレタリアート党よりもすぐれた洞察力《どうさつりょく》をもっている。

共産主義者の当面の目的は、他のプロレタリアート党のそれと同じく、プロレタリア階級の形成であり、ブルジョア支配の打倒であり、プロレタリア階級による政治的権力の獲得である。

共産主義の特徴をなすものは、ブルジョア的所有の廃止であり、私有財産の廃止である。したがって、財を社会の全成員に属する所有にしようとするのであって、所有いっぱんの廃止ではない。私有を廃止するとは、こういう資本的私有を、資本家階級の搾取《さくしゅ》的私有を廃止して、社会成員全体の所有にしようとするのである。社会のみんなが作った財を、みんなのものとすることである。

ブルジョア社会においては、労働者の生きた労働は、資本家の資本（労働者の過去の労働で蓄積された富を、資本家が私的に所有しているもの）をふやすための手段であり、道具であるにすぎない。この生きた道具は、道具が道具として引きつづいて機能をはたすために、賃金をうけとる。賃金（すなわち、この生きた道具である労働者の労働力の値）は、労働者がみずからの生命を維持し、新しい道具（子ども）を生み育てる費用にすぎない。ブルジョア社会では、資本が王者で、人格であり、働いてそれを維持増殖する人間（労働者）は、奴隷で、非人間である。労働者は、資本のつごう、資本の意図のいかんで、買われたり、首をきられたり、食えなくて自殺させられたりする。そしてこれを、人格の自由といい独立とよんでいる。まさに、労働者には、資本の奴隷となる自由や独立しかない。

共産主義は、こういうみじめな状況を廃止しようとする。共産主義は、労働者が働いて蓄積した労働（富）を、労働者の生活をゆたかにし、それをうながすために利用しようとする。私有財産の廃止とは、こういうことなのである。

ブルジョア社会での自由論・教養観・法律論そのものが、ブルジョア生産関係ないし所有関係の産物であり、支配階級の意志にほかならない。ある時代の支配的思想は、つねに支配階級の思想にすぎない。永遠の理性的真理、永遠の道徳、などとよんでいるものも、ブルジョア社会を、ブルジョア的支配を確保しようとする打算にもとづいている。それらは、歴史的な所産として、ブルジョア生産関係（ないし所有関係）とひとしく、やがて消えていくものである。古い思想の消滅は、古い生活関係の消滅と同一歩調をとる。社会の変化とともに、人間の意識や思想も変化する。

共産主義は、プロレタリアに強いられる家族喪失《そうしつ》や公娼《こうしょう》制度を廃止しようとする。また、子どもの教育を、支配階級の影響からひきはなそうとする。そしてまた、人間生産のたんなる用具としか考えられていない、ブルジョアの婦人の地位を廃止しようとする。

労働者階級は、政治的支配を獲得するため、国民とならなくてはならない。ただ、国民の内部での階級対立が消滅するとともに、諸国民相互の差別や対立や搾取関係や敵対関係も消滅する。

要するに、プロレタリア革命の第一歩は、プロレタリア階級を支配階級にまで高めて、民主主義を闘いとるにある。政治的支配を獲得したプロレタリア階級は、すべての生産用具を国家の手に、すなわち支配をにぎったプロレタリア階級の手に集中し、生産を急に増大させるであろう。

プロレタリア階級は、革命によって古い生産関係を廃止する。それとともに、階級そのものを、したがって階級としてのプロレタリアをも廃止する。階級と階級対立とのブルジョア社会にかわって、各人の自由な発展が、すべての人の自由な発展のために必要であるような、ひとつの共同社会があらわれる。

社会主義的および共産主義的文献

ここでは、正しい共産主義を明らかにするために、種々の社会主義ないし共産主義が、批判される。

I　反動的社会主義

a　封建的社会主義

フランスやイギリスの貴族は、憎むべき成り上がりもののブルジョアジーにうちまかされた腹いせに、ブルジョア社会を攻げきする。あたかも自分の利益を問題にしないかのごとく、被搾取階級たる労働者の利益を口にする。しかしかれらには、現代の歴史の進路を理解する能力がまったく欠けている。かれらの背中には、古い封建的な紋章がある。そして、ブルジョア的搾取をなじりながら、過去の自分たちの搾取を棚にあげている。だから、ブルジョアといっしょにプロレタリアを圧迫するかと思えば、こっそりブルジョア的な搾取をやる。

b　小ブルジョア社会主義

ブルジョアジーとプロレタリアートの中間層をなし、ブルジョア社会の補足をなすのが、小ブルジョア層（小市民層）である。かれらは、大工業の発達につれて、おいおいとプロレタリアへ没落した。ところが、フランスのごとく農民階級のきわめて多いところでは、たとえばシスモンディのごとき文士が、小市民的・小農民的立場から、労働者のために、ブルジョアにたいして闘うにいたった。これが、小市民的社会主義である。かれらは、きわめてするどく近代的ブルジョア生産関係の矛盾を分析した。しかしその意図は、古いギルド組織とか家父長的経済とかへ、逆行させようとするものであった。したがってその考えかたは、反動的封建的である。

c　ドイツ社会主義または「真正」社会主義　フランスの社会主義・共産主義の思想がドイツへはいってきたころ、ドイツでは、封建的絶対主義にたいする戦いがはじまったころだった。ドイツの哲学者・思想家は、フランスのこの新しい文献をむさぼり読んだ。だが、この進歩的思想の背景をなすフランスの生活そのものは、輸入されなかった。だから、この思想のもつ実践的・革命的意味はまったく失われて、その文字だけが、ドイツの哲学者の思弁によって、もてあそばれた。かれらは、古い自分たちの思弁哲学によって、新しいフランス文献を「基礎づけて」みたり、原文の下に哲学的たわごとを書きならべてみたりした。そしてこれこそ「真正社会主義」だとか、「社会主義の哲学的基礎づけ」だとか呼んで喜んだ。だが、哀れなことには、こうしてフランスの新しい思想は、ドイツの自称「真正」哲学者によって去勢されてしまった。

だがこのドイツの地にも、封建主義や絶対主義にたいするブルジョアジーの闘争がおこった。それにたいし、かの真正哲学者は、いまこそとばかりフランス的文献の片覚えをかざして、ブルジョアジーへの呪《のろ》いをなげかけた。そして、絶対主義・僧侶・貴族・官僚などの封建的反動のため、案山子《かかし》となり、補助となり、ときには武器となった。

またかれらは、共産主義の暴力的破壊傾向にまっこうから反対し、あらゆる階級闘争から超党派的に超越する、という。こうしてかれらは、人を無気力にし、反動的な役割りを果たすのである。

Ⅲ　保守的あるいはブルジョア的社会主義

これは、ブルジョアジーの一部分が、自分たちの社会を永続させるため、ブルジョア社会におこった弊害をとり除こうとするものである。博愛主義者・人道主義者・慈善事業家など、各種の改良家たちの考えである。かれらは、自分の支配している社会がいちばんよいものと考えている。かれらは、プロレタリア階級に向かって、ブルジョア社会にかんするいまわしい観念をぬぎすてるよう要求する。

この主義のいまひとつの型は、こうである。労働者階級のため大じなのは、政治的変革ではなくて、経済関係の改良である。だから社会革命をしないで(資本・賃労働関係はそのままで)、いろいろな行政的改革によって労働者の生活条件をよくすることが、だいじである、と。

Ⅲ　批判的・空想的な、社会主義と共産主義

サン＝シモン、フーリエ、オーウェンなどの、いわゆる空想的な社会主義ないし共産主義は、プロレタリアートの成長がまだ幼稚であったときに生まれた。まだ階級闘争が未発展だから、かれらの説は、未来的・空想的で、現実に即しない。なるほど階級対立とブルジョア支配階級の崩壊《ほうかい》とをみた。けれども、プロレタリアートの革命的政治運動をみとめないで、いきなり未来の、対立と搾取《さくしゅ》のない社会を空想してしまった。

だからかれらの弟子たちは、かえって保守的反動的となってしまった。すなわち、階級対立を調和しようとしたりして、階級闘争をにぶらせた。また空想的空中楼閣を夢み、この夢を建設するために、ブルジョアの慈悲心と財布とに訴えた。こうして、労働者の政治運動にはげしく反対し、ユートピア的福音を、盲信させようとした。イギリスのオーウェン主義者は、チャーチストに反対し、フランスのフーリエ主義者は、民主主義的改革主義者にさえ、反対した。

種々の政府反対党にたいする共産主義者の立場

さきにふれたごとく、共産主義者は、プロレタリアート全体の利益のためにたたかう。しかしそのためには、共産主義者は、状況のちがいに応じて、他の進歩的な党にたいする立場を決めなくてはならない。ここでは、それらの状況に応じた共産主義者のありかたが、宣言される。

共産主義者は、フランスでは、社会主義民主党と同盟して、保守的・急進的ブルジョアジーとたたかう。すでにフランスでは、ブルジョア社会の矛盾があらわれており、それとたたかわなくてはならないからである。

が、ドイツでは、共産党は、ブルジョアジーが革命的であるならば、いつでもこれと共同して、絶対主義王制や、封建的土地所有や、小市民層とたたかう。しかしそのさい、いつでも、ブルジョア階級とプロレタリア階級との敵対的対立についての自覚をつくりだすよう努力する。ドイツの反動的諸階級が転ぷくしたのち、ただちに、こんどは、ブルジョアジーそのものにたいする闘争をはじめることができるために。

共産主義者は、とくにドイツに注目する。というわけは、ドイツはブルジョア革命の前夜にあるからである。さらにそこでは、はるかにすすんだプロレタリアートによって、このブルジョア革命がなされようとしている。したがって、ドイツ＝ブルジョア革命は、プロレタリア革命の前奏曲でありうるからである。

要するに、共産主義者は、どこでも、現存の社会的・政治的状況に反対する革命運動を支持する。また、どこにおいても、すべての国の民主主義的諸政党の結合と協調のために、努力する。もちろん、これらの運動の基礎をなすものは、所有の問題である。
共産主義者は、従来の社会秩序のすべてを顚覆《てんぷく》することによってのみ、その目的を達しうる。それを公然と宣言する。支配階級をして、共産主義革命のまえに戦慄《せんりつ》せしめよ。プロレタリアは、世界を獲得しなくてはならない。

万国のプロレタリア団結せよ!

有名なこのコトバをもって、共産主義者の宣言は、おわるのである。まことに簡にして雄渾《ゆうこん》に、唯物史観と、それにもとづく階級闘争とが、プロレタリアに呼びかけられている。わたしたちは、その力強さに、いまあらためて、驚嘆するのである。

二月革命と『新ライン新聞』

フランス二月革命と、その波もん　一八三〇年の七月革命後、王位についたルイ＝フィリップは、なるほど議会の権限を拡張してブルジョアジーのきげんをとった。しかし、上流の金融ブルジョアジーと手をくんで、産業ブルジョアジーの利益を抑圧したので、その不満があった。他方、フランス産業革命の発展とともに、プロレタリア階級も台頭し、労働運動もはげしくなっていた。しかもそれらの反政府運動は、社会主義者や急進共和主義者によって指導されていた。さらに、恐慌《きょうこう》は、経済生活に大きなショックをあたえ、農作物の凶作《きょうさく》は、物価騰貴《とうき》と飢餓《きが》をひきおこしていた。たまたま一八四八年二月、選挙法改正の示威運動がおこった。選挙権は、総人口のわずか一パーセントに与えられているにすぎなかった。だが、この運動が弾圧されたのを機として、パリに暴動が起こり、共和主義者は王を追放して、臨時政府をたてた（二月二二日）。これが二月革命である。政府には、社会主義者のルイ＝ブラン、労働者のアルベールも入閣し、失業対策とか、国立工場の設置などの社会主義的政策も行なわれた。しかし、四月の普通選挙では、小市民と保守的農民の支持をえたブルジョアジーが勝利を得、第二共和政を組織した。新政府は、社会主義者をしめ

ベルリンの三月革命

だし、せっかく設けられた国立工場を閉鎖してしまった。怒ったパリの労働者は、六月暴動を起こしたが、政府軍に鎮圧されてしまった。周知のごとく、一二月の大統領選挙では、派閥《はばつ》の対立をたくみに利用し、農民を懐柔《かいじゅう》したルイ＝ナポレオンが圧倒的多数で当選した。フランスは、ふたたび弾圧と独裁の反革命に見まわれていった。

二月革命の影響は、たちまちヨーロッパの各国におよんでいった。四八年三月、ウィーンとベルリンに革命がおこり、あの保守反動のメッテルニヒはイギリスに亡命し、プロイセンでは憲法が制定された（三月革命）。マイン河畔《かはん》のフランクフルトでは、ドイツの統一と憲法制定のため、有名な国民議会が開かれた。イギリスでは、チャーチスト大示威運動が展開されていった。ハンガリー、ベーメン、イタリア諸国などにも、革命の影響によって、自治政府の結成や民衆の蜂起《ほうき》などがみられた。しかし、パリの六月暴動の失敗を機として、ふたたび各国の反動勢力はもりかえした。一〇月から一二月にかけ、ウィーンやベルリンの革命も敗北した。フランクフルトの国民議会は解散された。ハンガリーやイタリアもだめになり、けっきょく四九年ごろには、反革命が勝利をおさめていった。

主義のための東奔西走

こういう情勢のなかで、マルクスは、エンゲルスらとともに、『共産党宣言』の実行のために、席のあたたまることのない活動をつづけるのである。ブリュッセルを追われてパリへ、パリからケルンへ、ケルンを追われてふたたびパリへ、そしてロンドンへの亡命と。

二月革命の余波をうけて、ブリュッセルでも共産主義者の武装蜂起の準備が進められた。ロンドンの共産主義者同盟本部は、その権限を、ブリュッセル地区支部に委任すると申しでてきた。ちょうどそのころ、マルクスは、フランスの臨時政府から、招請状をうけとった。こういう情勢におそれをなしたベルギー国王は、三月三日午後五時、マルクスにたいし、二四時間以内の国外退去を命令してきた。出発の準備におわれていたマルクスは、四日の夜中の一時ごろ警察に逮捕され、長時間拘留《こうりゅう》された。このとき、夫人も同時に、捕えられ、警察の乱暴な取り扱いをうけた。釈放されたのち、監視のもとにフランス国境までつれていかれて、追放された。そこからマルクスと夫人と子ども（すでに二人の娘と一人の息子があった）とは、パリに向かったのだった。その取り扱いがどんなに乱暴だったかは、のちほど警視が、このときの責任で罷免《ひめん》されたことからもわかるであろう。

共産主義者同盟の本部は、パリに設立された。議長はいうまでもなくマルクスである。シャッパー、バウアー（ハインリヒ＝バウアー）、エンゲルス、モル、ヴォルフ（ヴィルヘルム＝ヴォルフ）、ドロンケといった、そうそうたる同志が、書記や委員などであった。マルクスらは、さっそく、「ドイツ労働者クラブ」をつくりあげた。そして、共産主義運動のため、同盟員やドイツ労働者を、ドイツ本国へ送りこもうともくろんだ。四月一日、数百名の労働者は、ドイツへ向かって出発した。かれらには、『共産党宣言』とともに、マルクス・シャッパー・バウアー・エンゲルス・モル・ヴォルフらの署名入りの、『ドイツ共産党の要求』なるパンフレットが手わたされた。

まもなくマルクスも、同志とともに、マインツをへてケルンにのりこんだ。『共産党宣言』にあるごとく、ブルジョア革命前夜のドイツに注目したのであろうか。そしてマルクスらは、ここで、『新ライン新聞』という新しい日刊紙によって、共産主義運動を進めていくのである。他方、ドイツでは「共産主義者同盟」が非合法であるために、下部組織として、「労働者協会」や「労働者教育協会」を各地に設立し、運動を拡大していく、という方策がとられた。民主主義的なものとの協調をこばまないマルクスは、「民主主義協会」にも関係し、それを利用した。

マルクスとその同志たちは、一方、『新ライン新聞』で論陣をはり、政府を、またそのイデオローグ（政府のたいこもち）を批判し攻撃した。他方、「共産主義者同盟」や「労働者協会」をはじめとする組織を通して、ベルリンへ、ウィーンへ、パリへ、ロンドンへ、さらに小さな都市へ、地方へと、運動をもりあげていくことに東奔西走した。

『新ライン新聞』による批判

一八四八年六月一日に創刊号を出した『新ライン新聞』は、かつての『ライン新聞』とは、質的にことなっていた。かつての『ライン新聞』は、なにか新しいものを求めて暗中模索《もさく》していた。しかしその立場は、まだフランス啓蒙主義であり、青年ヘーゲル派であったといえよう。しかしいまは、唯物史観や剰余価値論を発見した『共産党宣言』の立場であり、科学的な社会主義にもとづいていた。

しかし『新ライン新聞』は、「民主主義の機関紙」という副題目をつけている。『共産党宣言』があきらかにしたごとく、共産主義の原理・原則ははっきりと決まっていた。しかし、それを実行し実現していく運動にさいしては、状況や情勢に応じた方策がとられなくてはならなかった。マルクスが第一の目標としたドイツは、フランスやイギリスと異なって、まだブルジョア革命の前夜にあった。したがってここでは、まずブルジョア革命を実現するということが大じであった。そのためマルクスは、プロレタリアが、進歩的なブルジョアといっしょになり、絶対主義や封建的土地所有や小市民と闘うことを強調した。そして、ブルジョア革命が成功し、ブルジョアジーが支配の座につくやいなや、ブルジョア階級にたいするプロレタリア階級の闘争が、ただちに開始されなくてはならないのである。マルクスは、ドイツに関しては、こういう二段がまえの革命を主張するのである。いまドイツでは、民主主義（ブルジョア民主主義）をめざすことが必要なのである。さいごの目あてである、プロレタリア革命に達するための、方策ないし段階として。

そのためマルクスは、プロイセン国民議会の間接選挙への不参加を決議したゴットシャルク派に反して、選挙参加という戦術をとるのである。労働者を挑発するものにたいしては、大問題・大事件によって全住民が闘争に駆りたてられたときにのみ、蜂起の時期が到来するのだ、と表明するのである。陰謀とか、過激な個人的冒険とか、行きつきばったりの武装蜂起とかは、マルクスのとらないところである。

いうまでもなく『新ライン新聞』は、イタリア独立戦争を支持した。空虚な憲法論議に日をすごすフランクフルト国民議会のおしゃべりを、批判した。ベルリン三月革命が未完成の中途半ぱなものに終わったのは、反革命と手をくんだプロイセン＝ブルジョアジーのゆえであると、批判した。パリの六月蜂起を、ブルジョアジーにたいするプロレタリアートの革命として特徴づけ、擁護した。ウィーン反革命は、ドイツ＝ブルジョアジーの卑劣な裏切りにもとづくとし、かれらをはげしく非難した。ケルン市長の発令した「労働者服務規則」にかんし、労働者階級に破廉恥《はれんち》な虐待《ぎゃくたい》を加えるこの規則は、イギリス＝ブルジョアジーに決してひけをとらぬドイツ＝ブルジョアジーの蛮行の、歴史的記録であると、批判した。ホーエンツォレルン王家の業績を発表し、同家の歴史は、暴力、背任、不実、およびロシアの専制制度にたいする奴隷的屈従で貫かれている、とした。

他方、「賃労働と資本」（さきに講演されたもの）といった、基礎をなす科学的論文も、掲さいされた。（これは、のちに、『賃労働と資本』というパンフレットとなる。）

こういう痛烈な批判にたいして官憲が、ましてブルジョア革命前の絶対王政の官憲が、眼を光らさなかったら、ふしぎともいうべきであろう。

追放につぐ追放

『新ライン新聞』に出資していた株主は、だんだんと脱けていった。ただ『新ライン新聞』は、プロレタリアートの成熟にともなって、なかなか人気があった。それでもマルクスは、新聞の資金や援助を得るために、ずいぶん苦労している。

新聞の編集長はマルクスで、編集員は、ビュルゲルス、ドロンケ、エンゲルス、ヴィルヘルム＝ヴォルフ、フェルディナント＝ヴォルフ、さらにのちに加わった詩人フライリヒラートなどの同志であった。だが、四八年七月の、ゴットシャルクとアンネケの逮捕《たいほ》をきっかけとして、四八年九月には、さらに同志のモル、シャッパー、ベッカーらが逮捕された。身の危険を感じたエンゲルス、ドロンケ、W＝ヴォルフ、F＝ヴォルフなどは、ケルンを去って亡命していった。マルクスはといえば、かれは、憲兵とか、検事とか、軍人とか、さらには王室とかを侮辱《ぶじょく》したというかどで、たびたび警察の捜索や予審判事の尋問《じんもん》をうけていた。誹謗罪《ひぼうざい》容疑で、裁判にかけられた。軍からの抗議や脅迫《きょうはく》もうけた。それでもマルクスは屈しなかった。

マルクスが『新ライン新聞』で、ホーエンツォレルン王家の業績(罪の業績)を発表したのは、四九年の五月九日であった。それからまもなく、すなわち四九年五月一一日、ケルン当局は、ついに、マルクスにたいする追放令を出すにいたった。

五月一八日、『新ライン新聞』は、赤刷りの終刊号(三〇一号)をだして、ドイツの読者に別れをつげた。

詩人フライリヒラートは、うたった。われわれは枯れはてても、いつか王冠のくだける日もあろう。そのときわれわれは、ドナウのほとりで、ラインの岸べで、再び剣をとって立ちあがろう、と。マルクスは、編集部を代表して、労働者に訴えた。けっして軽挙妄動しないように。ほんの少しの反乱でも、戒厳令がしかれるであろう。プロイセン軍は、諸君の静かなのに絶望するであろう。われわれは、別れにのぞんで、諸君の協力を感謝する。われわれの最後のコトバは、いつどこにあっても同じであろう。すなわち、労働者階級の解放！というコトバである、と。

マルクスは、『新ライン新聞』のあとしまつをしなくてはならなかった。私有の印刷機さえも売って整理にあてた。ブリュッセル時代、すでにマルクスは、たびたび金にこまった。ときにはカンパで助けられ、ときには親戚の者とか友人から借金をして、なんとか生計をささえてきた。が、このときも、マルクス夫人は、家財を売りはらい、最後に手もとに残った銀製の器具さえ質屋に入れ、追われていく旅の費用にあてなくてはならなかった。まったく貧乏は、闘争や勉強とともに、いつもマルクスに同伴し

労働者と話しあうマルクス

た。

落ち行くさきは、いちおうパリであった。が、その途中でも、マルクスは、なんとかしてドイツ革命をもりかえそうと、説得活動をつづけた。軍隊の経験のあるエンゲルスは、バーデンの革命軍に参加した。しかし、そのご、反革命の勝利をもって、戦争は終了するにいたった（七月二三日）。

六月のはじめ、マルクスはパリに到着した。フランクフルトの友人、ヴァイデマイヤーの家に一時あずけられていた家族（夫人と、三人の子と、マルクス家のお手伝いの五人）も、やがて七月に、パリにやってきた。

だが、反動化したパリもまた、もはやマルクスの落ちつけるところでは、なくなっていた。

一八四九年八月二四日、マルクスは、家族を一時パリに残して、生涯の亡命地ロンドンへ向かった。

ロンドン亡命とどん底生活

反動の黒い雲が、ヨーロッパ大陸をおおってしまった。もはやマルクスには、イギリスよりほかに住むところは、なくなっていたともいえよう。まもなく家族もロンドンへやってきた。スイスに亡命していたエンゲルスも、イタリアから船でロンドンについた。ロンドンには、こういう亡命者がたくさん集まっていた。革命にやぶれたやるせなさを、かれらは、酒場での口論や喧嘩で、ばくはつさせていた。つまらないのしりあいや、いざこざもたえなかった。むりのないことではあろうが。

客観情勢利あらず

が、マルクスは、エンゲルスとともに、さっそく新しい雑誌の発行にとりかかった。理論的訓練や大衆啓蒙の必要を痛感したのである。新しい月刊評論雑誌『新ライン新聞、政治経済評論』が、五〇年の三月上旬、ハンブルクから世に出た。これに、マルクスは『一八四八年六月の敗北』（のち『フランスにおける階級闘争』として公刊されるもの）を、エンゲルスは『ドイツ帝国憲法戦争』をのせた。身近に体験してきた事件を、唯物史観の立場から、分析し反省したものである。しかしこの雑誌も、六号（五号と六号との合併号）まで出して、資金難のためつぶれてしまった。

マルクス・エンゲルスは、共産主義者同盟の再建をはかった。だが、客観情勢がわるくて思うようにいかなくなり、さらに金にこまってくると、せっかちな革命家たちは、あせりだし、ヒステリックになった。さては酒におぼれて堕落《だらく》もしはじめた。ために、同盟の再建もうまくいかなかった。ついに同盟は、マルクス・エンゲルス派とヴィリヒ・シァッパー派とに分裂してしまった。

マルクスは、年らいの経済学研究を完成しようとして、近くの大英博物館に通いはじめた。エンゲルスは、生計の資を得るために、ロンドンを去ってマンチェスターで、商売をはじめた。以後エンゲルスは、生活のうえでも、マルクスに大きな援助をあたえたのである。

このときほどマルクス一家が、貧乏や不幸（子どもの死）で泣いたことはない。そういう困窮《こんきゅう》のなかで、マルクスは、博物館の図書室で勉強をつづけ、他方、共産主義者同盟の地区委員会議長として活躍するのである。しかし大陸では、同盟の本部のあるケルンで、つぎつぎに指導的な共産主義者が逮捕《たいほ》されていった（一八五一年五月中旬―六月）。大陸の共産主義者同盟は、事実上消滅してしまった。マルクスは、同盟を存続させることは、もはや時宜に適しないと考えた。かれの提案によって、同盟はついに解散を声明するにいたった。一八五二年、一一月一七日のことである。

貧乏と不幸

当時、マルクス一家は、貧乏のどん底で苦しんでいた。わたしたちはそれを、マルクス夫人が、フランクフルトにいる友人ヴァイデマイヤーに宛てた手紙から、うかがうことができよう。

「……私は、ふたたび夫を追って海をわたりました。一か月たってわたしたちの第四番目の子ども〔次男ハインリヒ〕が生まれました。……けれども、このかわいそうな小さな天使は、わたしから、あまりにたくさんの心配と無言の心痛を吸いつくしますので、いつも病弱で、夜も昼もはげしく苦しみました。この子は、生まれでてからこのかた、いままで一晩としてよくねむったことがなく、せいぜい二、三時間ねむるだけでした。そのうえ、ちかごろでは、さらにひどいひきつけが加わって、この子はやせほそって生死のあいだをさまよいました。こうした苦しみのうちに、この子はとても強く乳をすいましたので、わたしの乳房は傷ついて裂けました。ふるえる小さな口のなかに血がながれこむことが、よくございました。……二人の執達吏《しったつり》が家の中にはいりこんできて、わたしのわずかな持ち物を、すっかり差し押さえました。ベット、下着、上着などいっさいがっさい、かわいそうな赤子のゆりかごや、わあわあ泣いて立っている娘たちの目ぼしいおもちゃさえも。かれらは二時間のうちになにもかも持ち去るぞと、おどかしました。わたしは、こごえている子どもたちと痛む胸とをいだいて、床のうえにふしました。……そのつぎの日にわたしたちは、家を出なければならないことになりました。寒い雨もよいの曇りの日でした。わたしの夫が住居をさがしますが、子どもが四人いると話しますと、だれもわたしたちに貸そうという人は、ありません。ようやく一人の友人がわたしたちを助けてくれました。わたしたちは支払いをしました。が、差し押さえさわぎをきいて懸念《けねん》した薬屋・パン屋・肉屋・牛乳屋が、急に勘定書をもって殺到してまいりました。それで、その支払いをするために、急にベットを全部売りました。……こうして、わたしのわずかな持ち物いっさいを売りはらって、すっかり支払いをすますことができました。そこでわたしは、小さな子どもたちと、いまの二つの小部屋にひきうつりました。レスタースクエヤ・レスター街一番地にある、ドイツ人ホテルのこの部屋に。ここでわたしたちは、週五ポンド半で、人なみな扱いをうけることになりました。……」（一八五〇年五月二〇日、ヨゼフ＝ヴァイデマイヤー宛の手紙、土屋保男訳参照）

かわいそうに、この手紙にある次男ハインリヒは、この年の一一月一九日、ちょうど満一年そこそこで、発作《ほっさ》のため急死した。つづいて、五一年三月には、三女フランチスカが生まれたが、これも五二年の四月、一歳で、重い気管支炎のため死んでしまった。この子は、一家のいちばん貧しいときに生まれ、いちばんひどい貧乏のときに、苦しみながら世を去った。葬式の費用さえない。近所の、あるフランス亡命者から貸してもらった二ポンドで、小さな棺が買われた。「この子が生まれたとき、ゆりかごがなかった……」母親はこういって、不幸だった小天使のために泣いた。その悲しみが、目に見えるようである。五五年の一月に、四女のエリナが生まれたかと思うと、四月には、長男のエドガーが、腸結核で死んでしまった。満八歳をこした少年であったのに。父母の悲しみと苦しみは、どんなであったろう。エンゲルスは、しばらく休養にマンチェスターへこいといって、マルクス夫妻をなぐさめるのだった。

苦しみは鍛え愛は屈せず

貧乏と不幸の極ともいうべき状態のなかにあっても、マルクスは屈しないで、闘いと勉強をつづけた。そのことは、また、まわりの人たちの愛情や信頼によるものでもあった。

多くの人が語るごとく、マルクス夫妻は、明朗で、すぐれた機智とユーモアに富んでいた。末娘のエリナは、両親についてこう語っている。「わたしはときどき考えるのですが、労働者の問題への献身ということとほとんど同じほどに強いもう一本のきずなが、二人をむすびつけていました――すなわち、かれらのいつにかわらぬ無尽蔵のユーモアが。……一度でも目を見あわせると、おさえきれぬ大笑いがとびだすにちがいないことを知っているので、二人がまともに顔をあわせまいとしているのを、わたしはどんなにかたびたび見たことでしょう。……じつに二人は、あらゆる苦しみや闘いや困難にもかかわらず、明朗な夫婦でした。……」（土屋保男訳）

二人の愛情と信頼については、たびたびふれた。この苦境のなかでも、それがつらいものであればあるほど、二人はますますしっかり結ばれ、ますます深く信頼しあった。

どん底時代のロンドンの住居(1850～56)　何階に住んでいたかははっきりしない。ここで、3人の子供たちの馬になって、はいしどうどうとむちうたれながら『ブリュメール18日』を書いた。三女フランチスカと長男エドガーを亡くしたのも、ここである。

マルクス夫妻は、けっきょく、四人の娘と二人の息子のうち三人（長男・次男・三女）を、苦境時代に失ってしまった。しかし残った三人の娘は、みんな美しくすぐれていて、夫妻の自まんであり、誇りであった。ことに末娘のエリナは、長男がなくなったこともあって、ひとしお父母や姉からかわいがられた。また、とりわけ美しくすぐれてもいた。マルクスは、家庭でモールとあだ名された。モールはアフリカの土人のことだが、マルクスは黒かったからこう呼ばれたのだろう。そのモールは、子どもたちには無上の遊び友だちだった。かれは、無尽蔵の活気と機智とユーモアをもって、物語をしてきかせた。また、ホメロスやシェイクスピアを読んできかせた。さらにモールは、すてきな馬だった。かれは、うしろで椅子《いす》にまたがり、はいしどうどうと、かれにむちをうつ三人の小さな子ども(長女・次女・長男)の馬をつとめながら、『ブリュメール十八日』という有名な論文を書いた。またこの馬は、末娘を肩に乗せて、あちこちをあるきまわる名馬だった。家庭の朗らかな光景が、ほうふつと浮かんでくるようである。マルクスを気むずかしい雷神などというのは、反動的なブルジョアジーの妄想にすぎない。なおこの家庭には、十数年間ともに雨風をのりきってきたお手伝い、ヘレーネ＝デムートがいた。かの女は、一家のみんなから、またマルクス家をたずねる人たちから、敬愛された誠実な婦人だった。いうまでもなく、よき妻、よき母のイェニーは、人を幸福にすることのなかに、自分の喜びを見いだすような、婦人であった。人は喜んで、マルクス家に集まった。

マルクス夫人は、ヴァイデマイヤー夫人にあてて書いた。「苦しみは鍛え、愛は屈せず」と。

モールは孤ならず

真の友、エンゲルスが、いつでもそばにいて、マルクスの運動と研究を、そしてまた一家の生計を助けた。ヴィルヘルム＝ヴォルフも、イギリスにやってきた。ブリュッセルで知りあったこの人は、「共産主義者同盟」、『新ライン新聞』、イギリス亡命などを通じて、マルクス・エンゲルスと行をともにした同志であった。マルクスのロンドンの書斎には、エンゲルスとこの人の写真がかざられてあったという。マルクス・エンゲルスより先に、マンチェスターで世を去ったこの人へ、マルクスの大著『資本論』は、ささげられた。

ヴィルヘルム＝リープクネヒト、この人は、四八年の二月革命がおこると、バーデン共和国の建設をめざす義勇軍に参加した。敗れて投獄されたが、のちスイスに亡命した。ドイツ労働者協会に加盟し、煽動《せんどう》のかどでスイスを追われ、ロンドンに亡命して、マルクス・エンゲルスと親交をむすぶことになった。このころ、しばしばマルクス家をおとずれた、マルクスの弟子の一人である。のち、ドイツに帰って、社会民主労働党を創設することになる。かれのほか、シャッパー、レスナー、ロホナー、エカリウスなどといった人たちも、親しくマルクス家に出入りした。かれらも、みんな貧乏していた。

ヴァイデマイヤーは、さきにフランクフルトで、ケンルを追われたマルクスの家族（妻子）を一時あずかった、共産主義者同盟の同志である。四八年の革命に参加し、五一年アメリカへ亡命した。かれが編集することになった『レヴォルツィオン』（革命）のために、マルクスは、有名な『ルイ＝ボナパルトのブリュメール十八日』を書いた。ルイ＝ボナパルトのクーデターを、唯物史観流に分析し批判したものである。その後もヴァイデマイヤーは、なにかとマルクスを助けた。

マルクスを高く評価していたニューヨークのデーナは、かれの編集する『ニューヨーク＝デイリー＝トリビューン』への寄稿を、マルクスに依頼してきた。これは週二回ぐらいのわりあいで、六二年二月まで約一〇年間もつづいたのである。さらにデーナは、同社で出す百科辞典にも、マルクスの執筆を依頼してきた。これらは、マルクスの生活をある程度助けることができた。

大陸銀行支店の支配人となった詩人フライリヒラートも、マルクスのために金のくめんをした。もちろんかれとマルクスとの仲は、あとで、きまずくなっていくが。

そのほかマルクスは、多くの新聞や雑誌から依頼をうけて、寄稿している。当時、なんらかの意味で労働者の解放をめざした人の多くが、あるいはマルクスの家庭に、あるいはマルクスという人間に、あるいはかれの思想に、関係をもったのであった。「ドイツ労働総同盟」を結成したラッサールも、その一人であった。のちほどマルクスの『経済学批判』を出版するにあたり、ベルリンの出版者ドゥンケルとのなかをとりもって尽力したものも、ラッサールであった。

マルクスはこういう家庭や友情に包まれて、窮乏《きゅうぼう》のどん底のなかでも、屈せず臆《おく》せず、勉強と闘いをつづけていった。

科学的社会主義の仕上げ
——『資本論』の完成——

『経済学批判』の難産

それにしても、マルクスの本格的な経済学書『経済学批判』の誕生は、容易ではなかった。マルクスは、ロンドンに亡命してから約一年後の、五〇年九月ごろから、この理論経済学を仕上げる仕事を再開した。大英博物館の図書室に通いはじめた。親しくマルクス家に出入りしたリープクネヒトは、師としてのこのころのマルクスを、こう描いている。「このころ、大英博物館にすばらしい図書室が設けられていたが、それには無尽蔵の蔵書がおさめられていた。マルクスが毎日をすごしたこの場所に、かれはわたしたちも行くようにうながした。勉強！勉強！　これこそ、かれがじつにしばしば、わたしたちに声を大にしてさけんだ至上命令であった。しかもこの至上命令は、かれの率先垂範《そっせんすいはん》で示された。それどころか、つねにはげしい勉強をしてやまないこの人を、ちょっとかいまみるだけでも、わかるものであった」と。

しかし実践運動もせわしかった。また生活の資を得るために、さきのごとく、いろいろジャーナリスチックなことにも、手を出さなくてはならなかった。一年とたたないうちに、パトロンのエンゲルスに、「もう少しで経済学のやっかいな仕事は全部しあがる」と報じ、かれを喜ばせたが、喜びはぬか喜びだった。ことを根本的にきわめなくては気のすまないマルクスには、仕事は、かんたんには仕あがらなかった。悪戦苦闘は、はからずも数年間つづいた。貧困や、病苦や、一家の不幸ともたたかわなくてはならなかった。マルクスは、ときおり、持病の肝臓病で苦しんだ。この間、エンゲルス、ラッサールをはじめ、同志たちがあたえた協力や激励が、忘れられてはならないだろう。とくに、エンゲルスは、いつもマルクスに、暖かい、精神的・物質的な援助と忠告と激励とを惜しまなかった。かれのおかげで、マルクスは、どんなに後顧《こうこ》の憂《うれ》いを軽減されたことだろう。ようやく五七、八年ごろから、「まとめるために、夜中まで気狂いのように仕事している」とか、「妻が原稿を清書している」とかいったコトバが、マルクスの手紙のなかにみられるようになった。

大英博物館の図書室

一八五九年一月二一日、『経済学批判』の脱稿を知らせる便りが、エンゲルスへ送られた。あわせて、この原稿を本屋におくるための発送費と保険料を無心している。まったく貧乏だったのだ。エンゲルスが喜んで送ってくれた二ポンドにより、原稿は、ラッサールの世話してくれたドゥンケル書店（在ベルリン）へ発送された。六月一〇日ごろ、『経済学批判』は、ようやくこの世に姿をあらわした。部数は一〇〇〇部。そしてこれを売りさばくためにも、多くの人が努力した。アメリカにいる友、ヴァイデマイヤーも努力した。

「序言」のなかで、マルクスは、みずからこう述懐している。

「一八四八年、一八四九年の『新ライン新聞』の発行と、その後におこった諸事件のために、わたしの経済学の研究は中断させられた。が、ようやく一八五〇年になって、ロンドンで、ふたたびそれにとりかかることができた。大英博物館に堆積されている経済学の歴史についての厖大《ぼうだい》な資料、ブルジョア社会の観察にとってロンドンがもつ有利な位置、最後に、カリフォルニアやオーストラリアの金の発見とともにブルジョア社会がはいりこむようにみえた新たな発展段階、これらのためにわたしは決意した。仕事をまったくはじめからやりなおし、新しい資料によってそれを批判的にしとげようと。このような研究のあるものは、おのずから、一見まったく関係のないような諸科学へ、わたしを入りこませた。わたしはその勉強に多かれ少なかれ時間をさかねばならなかった。だがとりわけ、わたしの自由になる時間は、生計の資を得るというやむをえない必要のためにけずられた。一流の英米新聞である『ニューヨーク＝トリビューン』へのわたしの寄稿《きこう》は、もう八年にもなる。が、本格的な新聞通信をとくべつにやるわけだから、わたしの研究をはなはだしく分断させずにはおかなかった。そのうち、イギリスや大陸でのめぼしい経済的諸事件にかんする論説が、わたしの寄稿のかなりの部分を占めた。そのためわたしは、経済学のほんらいの学問的領域には属さない世事にも、精通しないわけにはいかないことになった。

経済学の領域におけるわたしの研究経過についての、このスケッチは、わたしの見解が、とにかく長年にわたる良心的な研究の成果であることだけは、証明してくれるであろう。たとえ、わたしの見解がどのように評価されようとも、またそれが、支配階級の利己的偏見といかに一致しなかろうとも。」

仕上げの第一段階

『経済学批判』が世に出た一八五九年は、くしくもダーウィンの『種の起源』があらわれた年である。エンゲルスがいうように、「ダーウィンが有機界の発展法則を発見したように、マルクスは人間の歴史の発展法則を発見した。」それどころか、マルクスは、自然と人間との発展を統一的・総合的にあきらかにしたともいえよう。マルクスはこれによって、「にせ」の社会主義や共産主義を片づけ、マルクス的共産主義の科学的な勝利をかちとろうとした。さきにのべた、序言の「唯物史観」の定形は、それだけでも大きな価値をもっている。しかし、このすぐれた著書も、当時では、わずかに一〇〇〇部が発行されたにすぎなかった。まだ、それほどに、マルクスの理論は、理解されなかったのである。

資本主義社会の商品の分析からはじまって、貨幣の分析にいたるこの書は、しかし、本格的な経済学研究の第一分冊にあたるものであった。それは、『資本論』へうけつがれていくべきものであり、じじつ『資本論』で、より広い体系の一部として取りいれられている。したがってわたしは、『経済学批判』の内容の説明を、『資本論』のそれで代用したいと思う。

しかしそのことは、この『経済学批判』の意義や価値を軽減するものではない。むしろ逆であるともいえよう。つまり、真の科学的社会主義の理論、労働者ならびに人間解放の科学的理論の仕上げが、ここ『経済学批判』にはじまるのである。

さきの『共産党宣言』は、「共産主義者同盟」の宣言であり、実践綱領であった。それはさらに、それを裏づける冷静な理論を必要とする。資本主義の構造、矛盾、没落の必然性。ブルジョア経済学のもっている問題や矛盾やいつわり。資本主義の必然性を実践にうつすプロレタリア階級の出現、運命、闘争……それらが、理論的にあきらかにされなくてはならなかった。プロレタリアのためのこういう理論的武器、マルクスはいまこの武器の必要を痛感し、机に向かってこの武器の製作に没頭したのである。それが、『経済学批判』であり、『資本論』であった。

完成への苦闘

科学的社会主義の仕上げの第一段階は、ふみだされた。だが、第二段階、第三段階への道は、遠くきびしかった。マルクスは、貧乏と実践的闘争のほか、病気や中傷にも苦労しなくてはならなかった。すなわち、貧乏のため、本格的な経済学の勉強でない、ジャーナリスチックな寄稿に、時間をとられなくてはならなかった。かれにとっては、それこそ本格的な仕事ともいうべき、いわゆる「インターナショナル」(国際労働者協会)の設立のため、努力しなければならなかった。まだそんな年でもないのに、持病のため、ときおり苦しめられた。さらに、フォクトなる人物の中傷に、わずらわされなくてはならなかった。策謀家のボナパルト(ナポレオン三世)に買収されていたフォクトは、ウソの事実で、マルクスだけでなく、かれの指導した共産主義者同盟をもきずつけようとした。黙視しておくわけにはいかなくなったマルクスは、『フォクト氏』なる反駁書《はんばくしょ》を出してたたかった。

こうしたなかで、経済学を完成するための勉強がつづけられた。そのためのノートは、こんにち流の全集にして、十余巻にもなるほどだといわれる。

『経済学批判』が世にでてから満七年後の六六年一一月、『資本論』第一巻の一束の原稿が、ハンブルクのオットー"マイスネル書店へ送られた。あけて六七年の四月には、マルクスは、残りの原稿をたずさえて、みずからハンブルクへ出かけた。帰路、ハノーヴァーのクーゲルマン家に立ちよった。かねてからマルクスの支持者であったクーゲルマンは、心からマルクスを迎えて、あたたかくもてなした。エンゲルスの喜びは、またかくべつであった。「万歳! 僕はこう叫ばずにはおれなかった。第一巻ができあがったので、それをもってハンブルクに行くという、白い紙の上にはっきりかかれた君の手紙を、ついに読んだものだから。生命の核が枯れないために、二ポンド半の紙幣七枚を同封する。計三五ポンド送るつもりだが、あと半分は、普通電報をうけしだい、すぐ送ることにする。」エンゲルスは、こう書いて喜びあった。マルクスは、旅先から、またロンドンから、エンゲルスにあてて、心から長年の礼とわびを書いた。「君がいなかったら、僕はこの仕事を仕上げることはできなかったであろう。断言するが、次のことが、いつも僕の良心に妖魔《ようま》のごとくのしかかって、重荷となっているのだ。君が、君のすばらしい力を、主として僕のために、商売で使いつくして、さびつかせてしまったことが。そのうえ、僕のちょっとした不幸でも、みんな僕とともにしなければならなかったということが。」「僕は、ただもう君に感謝する。第一巻を仕上げることができたということを！　僕のための君の献身がなかったら、僕はこの途方もない仕事を、三巻にまとめることはできなかった。感謝にみちて、僕は君をだきしめる！」

それにしても、マルクスの苦闘もまたたいへんであった。六七年の四月、在米の友人、ジークフリード＝マイヤーにあてた手紙は、その苦労をものがたっている。マルクスは、生命をかけても、肥った豚であるよりは、やせたソクラテスであろうとした。

「わたしが返事を書かなかったのは、わたしがたえず死のふちをさまよっていたからです。だからわたしは、著書を完成するためには、仕事のできるどんな瞬間も、利用しなければなりませ

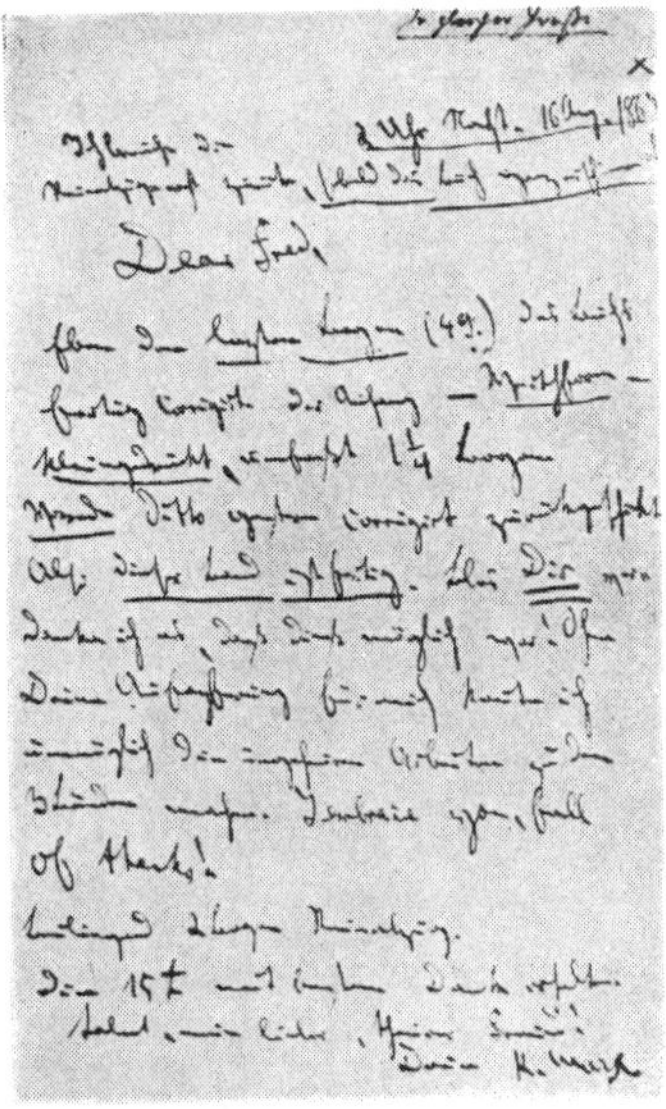

エンゲルス宛のマルクスの手紙(1867年8月16日)「……僕はただもう君に感謝する。……感謝にみちて、僕は君をだきしめる！……」

んでした。この著のために、わたしは、健康も、人生の幸福も、家族をも犠牲に供しました。……わたしは、いわゆる実際屋やその知恵なるものを嘲笑します。ひともし、一頭の牛であろうとするなら、もとより、人類の苦しみなどには背を向けて、自分自身の生命のために、あれこれ心配してよかったでしょう。しかしわたしが、わたしの著を、少なくとも草稿の形ででも完成しないで、おだぶつになっていたら、どうでしょう。それこそほんとに、世になんの役にも立たない人間だったと、考えないわけにはいかなかったでしょう。………」

エンゲルスをはじめとする人たちの友情と、マルクスの骨身をけずるような努力によって、一八六七年、生命をかけた大著、まさに質量ともの大著『資本論』の第一巻は、世に出ることができた。『資本論』——それの正しい名は、『資本論——経済学批判』である。「序」のはじめで、マルクスは、こうことわっている。「わたしが第一巻を世におくろうとするこの仕事は、一八五九年に公にされたわたしの著、『経済学批判』の続きをなすものである。初めと続きとのあいだの長い中休みは、わたしの仕事をたびたび中断させた、長年にわたる病気のせいである」と。そして、さきに一言ふれたごとく、この大著は、いまは亡き同志、ヴォルフにささげられている。「忘れることのできないわが友、勇敢で忠実で高潔なプロレタリアートの前衛闘士、ヴィルヘルム＝ヴォルフにこの書をささぐ」と。

だが第二巻、第三巻の公刊は、同志エンゲルスの手によらなくてはならなかった（第二巻—一八八五年、第三巻—一八九四年）。さらに第四巻をなすはずの「剰余価値学説史」の出版は、二〇世紀をまたなくてはならなかった。

『資本論』と人間解放

わたしたちは、いま、マルクスの研究の最後に到達した。思えば、長い道のりのようであったが、ちょっとふりかえってみよう。

『資本論』は、経済学研究の成果であり、『経済学批判』の続きであった。そしてそれは、市民社会ないし資本主義の構造を分析し、その必然的な法則を明らかにすることであった。資本主義の構造や法則の解明は、同時に、資本主義の矛盾や、資本主義の墓掘人を明らかにすることであった。そしてそれは、人間らしさを喪失させられ、人間らしさから疎外させられている極端ともいうべきプロレタリア階級を、解放するためであった。プロレタリア階級の解放は、階級そのものの廃止をめざすものであり、人間解放につらなるものであった。そこで『資本論』は、まさに、プロレタリアを、人間を解放するための科学であり、理論なのである。プロレタリアないし人間を解放するための革命の実行者が、プロレタリア階級であった。そしてそれを指導するものが共産主義者であった。そこで、『資本論』は、そのような共産主義者やプロレタリアのための科学であり、理論であり、精神的武器なのである。そういう意味で、『資本論』は、科学的社会主義であり、科学的共産主義なのである。

わたしたちは、次のことを見のがしてはならないであろう。人間解放ということを、根本の目標とするかぎり、『資本論』は、革新的な経済学であり、政治学であるとともに、また、革命的な哲学であり、道徳の科学でもありえたということを。

今日の市民社会ないし資本主義社会は、まことに複雑である。いろいろの矛盾や不合理や不正がわかっていても、その実体はなかなかつかめない。したがって、どうすればよいかもわからない。それどころか、今日のこの社会の支配者であって、この社会の存続をねがう人は、いろいろのたくみな方法によって、この社会のウミやガンをおおいかくそうとする。それのみか、このウミやガンで苦しみ、その犠牲になっている人たちをも煙りにまいて、この社会が正しくて、楽園で、永遠のものであるように見せかけようとする。こういう見せかけのホンネを暴露《ばくろ》することこそ、哲学の任務であり、科学の使命であった。マルクスは、『経済学批判』の序言の最後で、学ぶものの態度を、こう要求している。

科学の入口には、地獄の入口と同じように、つぎの要求がかかげられねばならない。

ここでなんじはいっさいの優柔不断《ゆうじゅうふだん》をすてなければならぬ

ここでいっさいの臆病《おくびょう》は死ぬがよい

真理への勇気、そして真実の洞察、そこから革命への、プロレタリア解放への、人間解放への不動の確信も生まれてくるであろう。そういう必然的な法則、必然的な真理にもとづいてこそはじめて、実践も、その目標に達することができよう。寸分の狂いもない科学法則にしたがうことによって、人間の月旅行が可能であるごとくに。『資本論』は、そういう社会的実践（革命）がのっとらなくてはならぬ、歴史ないし社会の運動法則を明らかにするのである。

ではいったい、『資本論』は、このブルジョア社会ないし「資本主義」の構造や矛盾を、どのように分析するのだろうか。つぎに、『資本論』の内容にふれよう。

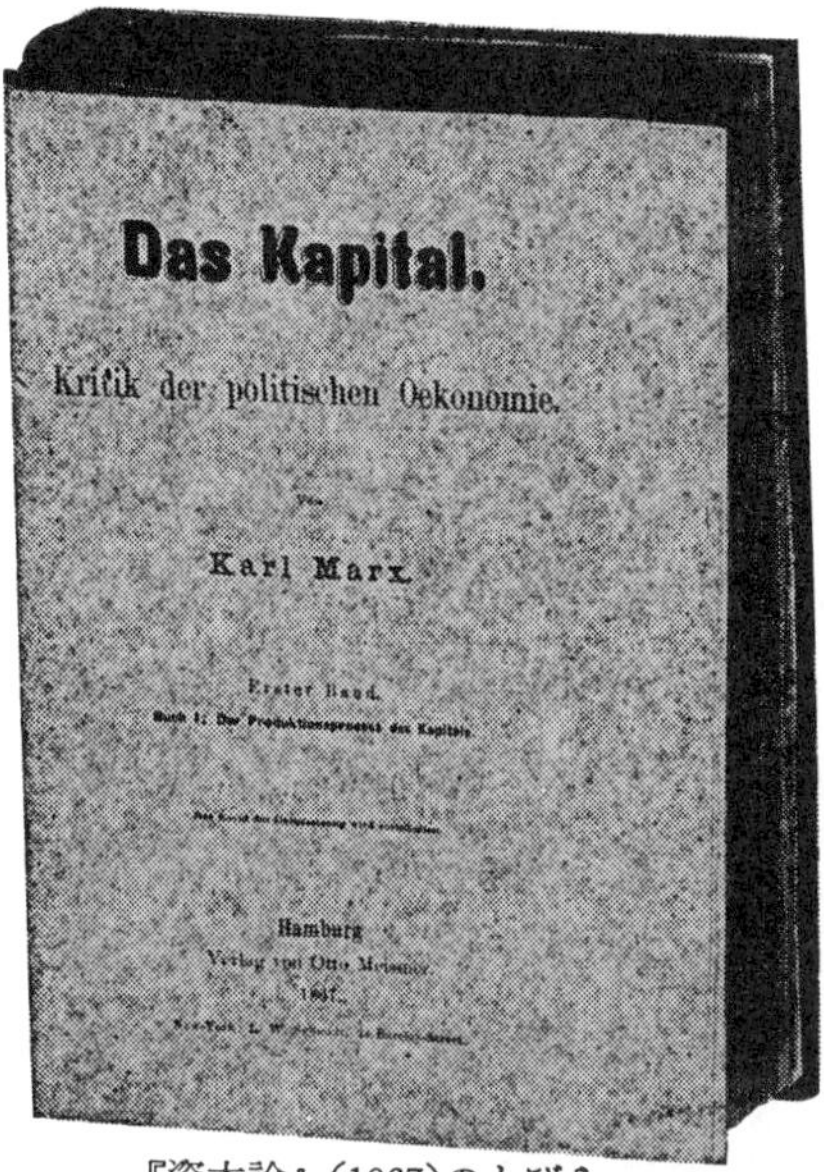

『資本論』(1867)のとびら

『資本論』完成当時のマルクス

価値と使用価値

われわれは、生きていくために、必要なものを生産しなければならない。このようなものの生産は、大昔からひとりで行なわれるのではなくて、共同で行なわれた（社会的生産）。人びとは、自分たちに必要なものを自分たちでつくり、そして自分たちで使用ないし消費した。

ところが、今日のこの社会においては、きわめて細分された分業によって、ものが生産され、したがって生産物は、ほとんどすべて商品という形をとるのである。社会に必要なもののある一部分を、あるところで生産し、それを、他のところで生産されたものと、交換しあうのである。われわれは、今日、貨幣を介してものを売買しているが、もっとも単純な交換、たとえばA商品のx量とB商品のy量との交換を考えてみよう。

交換が行なわれる以上、そのものの用途（使用価値）が異なっていなければならない。甲は、乙の持っているBがほしいし、乙は、甲の持っているAがほしいから、二人は交換する。だが、人がなっとくして、各商品の一定量を交換する以上は、両者（Aのx量とBのy量）には、同じ大きさの共通物が存在しているはずである。なにが等しいのか。それは、A商品のx量とB商品のy量とを生産するに要した時間（人間労働の投下量）が等しいのである。人間労働の投下としての価値が等しいのである。つまり、物と物との交換は、たとえ貨幣を媒介にして複雑になったとしても、ほんらい的には人間労働の交換であり、人間労働という価値の交換なのである。そして、人間労働の量が、交換の比率を決定するのである。

もちろん、あるものの一定量を生産するに必要な労働量といっても、それは、具体的な個々のばあいの労働量ではない。同じ商品、Cを生産するにしても、あるところでは五時間かかり、あるところでは七時間かかる。またあるところでは三時間でまにあう。このばあい、C商品の価値（いっぱんにC商品を生産するに必要な労働量）は、それらの平均となる。つまり商品の価値（具体的にあらわれるのは交換価値、あるいは価格）は、その商品を生産するための社会的平均労働によってはかられる。わが家のテレビは五万円した。これは、このテレビをつくるために、だいたい社会的に平均してみて、五万円かかることを意味する。五万円かかるということは、このテレビをつくるために、社会的に平均して五万円に相当する労働を必要とする、ということである。

ある商品の価値、すなわちそれを生産するに要する労働量は、一定不変ではない。それは、その生産部門における生産力の進展につれて減少する。おしなべていえば、人類文化の進むにつれて、生産力はより高くなっていく。したがって、商品生産に必要な労働量、すなわち商品の価値は、下落する傾向をもっている。（この価値の具体的な表示である価格は、名目的にはいろいろの条件で、あがったりさがったりするが。）

とにかく商品は、すべて価値と使用価値の二面をもっている。有用であり、使用価値をもっているから、その特殊性のゆえに人間社会で生産され、交換される。価値、すなわち人間労働の投下であるから、その投下量による一定の比率によって、有用であり使用価値をもつ他の商品（同じように人間労働の投下物ではあるが、質的に異なったもの）と交換される。

商品が神さまとなる

われわれは、生きるためにものを生産する。この生産なくしては、人間の生存はありえない。ものの生産は、人間の労働による。この生産的労働とは、ある自然物にむけられた、人間の脳ずい・神経・筋肉・感覚器官などの消耗《しょうもう》であり、支出である。そしてわれわれは、生産のために、一定の時間、労働しなくてはならない。汗水たらす時間が、長いか短いかは、大きな問題である。さらに生産は、多かれ少なかれ、自分ひとりでできるのではなく、社会的に関連しあっているのである。われわれがものを生産し、直接それを使用しているばあいは、これらのことははっきりわかっている。

ところが、われわれの生産物が商品という形をとってくると、ことは狂って神がかってくる。生産物が、一定の時間、額に汗した結果であり、社会的な関連でつくられたのだということが、忘れられ、見のがされてくる。生産物が商品となって交換されるばあい、わけてもカネが媒介となるばあい、それが汗水たらした一定の社会的人間労働の交換であるなんてことは、みえなくなってくる。人間労働こそものの価値の源泉であるということは、見失われてくる。問題は、もっぱら、ものとしての商品となり、わけてもカネとなる。そこでは、商品としての生産物は、物そのものとしてみられる。その商品の価値は、そのものじしんが有している本性であり、属性であるとみられる。取引その他商品間の関係（ほんらいは人間労働の相互間の関係を反映するもの）は、商品という物と物との関係とみられるにいたる。ここで、商品ないしカネが神（物神）となり、王者となり、人間を支配する。人間はものの前に、カネの前にひざまずく。カネという神は、世のいっさいを左右し支配する。「地獄の沙汰もカネしだい」となる。ちょうど、ほんらいは人間の頭脳の産物である宗教が、人間の世界から独立して、人間の世界を支配し、人間を礼拝させるごとくに。商品やカネが神になれば、それを生みだした人でなく、それを家の中にかこい、その神を祭り、その神をふところにしている人が、神の威力によって世を支配することになる。こうして商品の世界、すなわち資本主義社会では、本末が顚倒《てんとう》する。

だが、商品を、富を、カネを生みだした人でない人間が、どうしてそれを手に入れ、世を支配するにいたるのであろうか。そこにこそ、資本主義社会のヒミツがあるであろう。

労働力という商品

ブルジョア市民社会の歴史的展開は、労働者を生みだした。労働者という人間は、生きるためには、自分の体＝精神的・肉体的能力＝「労働力」のほかには、なにも所有していない。だから、このただひとつの所有物＝「労働力」を売って賃金を得、それで自分や自分の家族の生存を維持しなければならないのである。労働者の労働力さえもが、商品として、市場（労働市場）で売買されること、そこに資本主義社会の特有の現象があるであろう。

労働者は、自己のただひとつの所有であり、商品である労働力を、今日売り、明日売り、あさってでも売らなければならない。生きていくために。他方、この商品（労働力という商品）を買う人は、「おかね」をもっている資本家である。もちろん、この商品の売買も、他の商品のばあいと同じしくみである。売る人と買う人とは、自由な立場、平等な立場で、取引をし契約をするわけである。「労働力という商品」が買主に役立ち、有用である（すなわち、使用価値をもっている）から、資本家という買主はこれを買うのである。そして、あとであきらかになるごとく、買わないわけにはいかないのである。資本主義のためには、労働力という商品は、どうしても不可欠の要素なのである。そして、この商品もまた、商品であるかぎり、価値をもち、価格をもっている。それが、賃金である。そしてこの商品の価値（賃金の高）もまた、他の商品とひとしく、これを生産するための価値（費用）によって決定される。労働力を生産するための費用とは、労働者ならびにその家族の生計費にほかならない。それが、賃金という形で支払われるのである。労働者は労働力を、その価値で売るとともに、労働力の有している使用価値を、買主の使用にゆだねるのである。

取引の自由！　契約の自由！　たしかに資本家と労働者は、こういう自由のもとで、労働市場でむかいあった。自由独立の、平等の人格として相対した。資本家は労働力を買わなくてはならないし、労働者は労働力を資本家に売らなくては、生きていけない。この観点からすれば、各人がみずからの利益を考えることのなかに、おのずから全体の調和があらわれるともいえよう。しかし、資本主義の展開は、そのなかに労働力の売手を生みだしてきたし、後述のごとく、ますます多くの売手を生みだしてくるようになっている。だから、資本家は、労働力商品を買うのに困らないし、どれをどれだけ買うか、従来の購入をいつどれだけ減らすかは、まったく買手である資本家の自由である。だが、売手である労働者の方は、労働力を売るか売らないかを、選択するわけにはいかない。生きるためには、かならず売らなくてはならない。売る自由はあっても、売らない自由はない。こういう自由と平等が、資本主義社会での自由・平等の、ほんとうの姿なのである。

剰余《じょうよ》価値《かち》　買った商品を、買主が、どう使用し、どう利用するかは、買主の自由であり、権利である。「今日一日」という契約で、賃金を支払って買い入れた「労働力商品」を、どう使うかは、買主である資本家の自由である。そこで、買主である資本家は、かならずこの商品の価値以上にこの商品を使用する。具体的にいえばこうである。労働力を売った労働者が、買主のために、たとえば六時間働けば、かれは、労働者自身の一日分の生活費にあたるもの（この労働力の価値）を生産してしまう。つまり賃金に相当する価値物を生産したわけである。もらった賃金分を返したわけである。（この六時間を、「必要労働」という。）ところが、買主である資本家は、けっして六時間使用しただけで止めることはない。かならず六時間以上（たとえば、もう六時間、計一二時間）使用する（すなわち働かせる）。この、必要労働以上は、資本家が不払いで自分のものとするもの（搾取《さくしゅ》）である。これを剰余労働（もしくは、不払労働）といい、この労働の生みだす価値を、剰余価値という。上例でいえば、六時間が労働力の価値であり、あとの六時間が、労働者が無償で増殖した剰余価値である。だから搾取率（剰余価値率）は、$6/6$＝一〇〇パーセントとなる。買主である資本家の目のつけどころは、この剰余価値である。労働力を買った目標は、ここにあったのである。剰余価値がなければ、資本家は生きてさえいけない。したがって、剰余価値の生産、すなわち、生産における金もうけは、資本主義的生産様式の絶対的法則である。そしてそれは、じつは、資本家による賃労働者の搾取という人間関係をあらわすのである。

資本家が剰余価値を増大しようとするのは、当然である。かれは、労働時間の一二時間を、一三時間に、一四時間に、さらに一五時間にまで延長する（イギリスにおけるごとく）。ここから、これ（労働日、一日の労働時間）を短縮しようとする労働者階級との間に闘争がおこる。だから、より巧妙なやりかたは、さきの必要労働時間の六時間を、四時間にすることである。それは、生産力を上昇させ、もって、労働者の生活必需品である商品を低廉化《ていれんか》し、労働力の価値を低下させることによって可能であろう。そこで、協業、分業とマニュファクチュア、機械と大工業、という労働生産力発展の歴史的過程が、形成される。

剰余価値、すなわち、不払労働こそは、まさに資本主義の本質であり、資本家と労働者との階級的敵対の根源であるであろう。

資本の蓄積と労働者の運命　したがってこの資本主義社会が存続し発展するためには、この関係（剰余価値の生産、不払労働の搾取）が継続し、くりかえされなければならない。この関係が再生産されなければならない。

剰余価値が、資本家によって、すべて消費されてしまうなら、おなじ規模の生産過程の反復（「単純再生産」）が行なわれる。これにたいして、剰余価値の一部分が資本に転化されるならば、すなわち、資本の蓄積がなされるならば、「拡大再生産」が行なわれる。

とにかく、この資本制再生産過程――それは、社会的総資本の再生産である――は、たんに社会における商品または剰余価値を生産するのみではない。同時にそれは、社会のなかに、一方での資本家と他方での労働者とを、すなわち、資本家と労働者という人間関係を生産し、再生産することとなのである。しかも、資本の蓄積ないし拡大再生産は、労働者側の運命に、深刻な影響をおよぼすのである。

資本の蓄積がすすむにつれて、労働の生産力が増大する。その結果、資本のうち、生産手段（原料・道具・機械など）のために投下される部分（「不変資本」――不変であるわけは後述する）と、労働力を買うために投下される部分（「可変資本」――可変であるわけはあとでのべる）との比率（資本の有機的構成）が変わってくる。すなわち、当然、不変資本部分の可変資本部分にたいする割合が増加する（資本の有機的構成が高まる）。資本の蓄積は、必然的に、資本の有機的構成を高度化する。すなわち、総資本が増大するにつれて、そのなかでの可変資本の部分の割合（労働を需要する割合）が、累進《るいしん》的に減少する。そこで、労働者の人口は、相対的に過剰となる。なるほど、総資本が量的に増大し、その増大の程度も高くなるにしたがって、資本に吸収される労働者の人口（就職労働者数）も大となる。つまり、絶対量としてはふえる。しかし他方、資本の巨大化は、中小企業を滅亡させたり、ライバルを没落させたりして、労働者の数を増加させるのである。機械の採用によるオートメーション化は、婦人や少年を働かせ、逆に男子労働者を不用にする。不況によって大量の労働者人口が仕事から放り出される規模も、拡大される。このようなわけで、資本の蓄積が、労働者人口の相対的過剰をもたらすのである（相対的過剰人口または産業予備軍の生成）。そして、好、不況の波をもつ資本制生産様式のためには、ときに吸収し、ときに放出できるこの予備軍は、不可欠である。いまや労働者階級は、現役と予備とに分裂してしまった。そのため、予備軍（失業者）は、現役軍にとってかわろうとして、現役労働者を圧迫し、かれらの要求を抑制する。こういう内部分裂こそは、資本家階級にとって、好都合なことでもある。こうして、社会の富と資本、労働者の数と生産力、それらが大きくなればなるほど、産業予備軍（失業者）はますます大きくなり、労働者階級全体の窮乏《きゅうぼう》化はますますはなはだしくなる。だから一方の極（資本家階級のがわ）での富の蓄積は、他方の極（労働者階級のがわ）では、皮肉にも、同時に、貧困・労働苦・奴隷状態・無知・粗暴・道徳的堕落の蓄積なのである。

生産手段を所有せず、労働力を資本家に買われた労働者階級にとっては、労働過程は、他人のための肉体的・精神的エネルギーの放出であった。労働者は、こうして労働過程から疎外されている。したがってまた、みずからの労働の産物である生産物からも疎外されている。そして、忘れてはならぬことは、この、労働者から疎外された生産物が、資本という姿として生みだされてくるということである。すなわち、ますます労働者を支配し、ますますかれらを搾取し、ますますかれらを不安・失業・貧困・苦悩・隷従・無知・粗暴・堕落においやるものとして生みだされるということである。価値を創造する労働者の労働そのものが、労働者じしんをますます不幸にし、ますます非人間化させ、逆に、搾取する資本家をますます強力にするものとなっているのである。働けば働くほど、ますます自分の首をしめられなくてはならない。なんという矛盾であろうか。そしてそれが、資本主義的な生産様式の絶対的な一般法則なのである。資本が支配するかぎり、この法則はつらぬかれる。では、働く者たちには絶望しかないのであろうか？

利潤率の低下

資本主義的に生産された商品の価値（W）は、不変資本（c）、可変資本（v）、剰余価値（m）からなる。不変資本とは、生産手段（原料、機械など）に投下される資本部分で、これは、なんら新しい価値を生みださない。新価値を生みだすのは、生産手段に手を加えてものを生産する労働力である。しかもそれは、みずからの価値以上を生みだすのである。したがって、労働力を購入するための資本分は、みずからを変じて増殖する資本（可変資本）である。そして、増殖した部分が剰余価値なのである。これは、可変資本が増殖したものとして、資本家が、ただ（不払い）で手に入れる部分であり、買った労働力を値段以上に使用することによって搾取するものであった。

それゆえ、「Wはcプラスvプラスm」（W＝c＋v＋m）である。だが、このWのなかで、資本家

当時のマルクスと娘たち
後列左から　マルクス、エンゲルス
前列左から　長女ジェニー、四女エリナ、次女ラウラ（1860年代）

が支出した生産費は、「cプラスv」(c+v)である。さきにのべたごとく、mは、vからのみ生ずるものであった。にもかかわらず資本家は、このmを、投下された総資本（C）――それはc+vである――に対する価値増殖分(利潤)としてあらわす。こうして、剰余価値(m)は「利潤」(p)に転化される。剰余価値率$\frac{m}{v}$ではなくて、$\frac{m}{C}$($\frac{m}{c+v}$)、すなわち利潤率が問題にされる。そこで、C（総資本）のすべての部分が、利潤の源泉であるかのごとくあらわれ、剰余価値の生産の秘密(不払労働の搾取の本質)が隠される。こうして、資本・賃労働関係が、ごまかされてしまう。そして搾取をふくんでいるこの関係が、永遠の神々しいもののごとくみなされてしまうのである。

資本主義が発展するにつれ、生産力は増大する。互いに競争する諸資本は、できるだけ有利な条件を得て勝利者となるために、技術上の改善をとりいれ、生産力を高めようとする。しかし生産力の増大は、資本の有機的構成をたえずたかめる(vに対するcの割合が増加する)。有機的構成がたかまれば、利潤率は低下する。機械・器具・建物などの固定資本が急速に増大し、資本全体の回転がおそくなることも、利潤率を低下させる。資本家は、できるだけ多くの利潤を手にいれようとして、技術をたかめ、生産力を増大させる――そうしないわけにはいかない。が、その努力の結果、利潤率の低下という、だれひとりのぞみはしなかったことが、起こるのである。しかし、利潤率の累進《るいしん》的低下にもかかわらず、資本によって生産される剰余価値、したがって利潤の絶対量を増大することはできる。また資本家は、かならずそうしようとする。それは、投下資本の量を大きくすることによって可能となる。そのために、資本の加速的蓄積、資本の集積や集中がおこる。こうして、利潤率は低下するが、利潤量は増大することができる。
それにしても利潤率の低下は、生産力のいっそうの発展の妨げとなり、資本主義的生産過程の発展をおびやかすこととなる。それは、ブルジョア社会が、ある一定の段階では行きつまり、資本主義的生産方法が、歴史的に限界のあることを示すであろう。

収奪者が収奪される

資本主義は、その法則によって生産力を発展させた。資本を蓄積し集積し集中させた。それにつれて、生産手段が巨大になり、多くの労働者が共同でそれを使用した。したがって、生産過程は、ますます多くの労働者の協力・共同によってなりたつようになった。商品市場は世界となり、資本主義体制はますます国際的になってきた。要するに、生産そのものが、ますます共同的・社会的になされるということになってきた。「これは自分が生産した」などといえるものは、今日ではもはやなくなり、ものは、みんなの手、みんなの共同によって生産される。

それにもかかわらず、生産する人、働く人は、ますます貧困・抑圧・隷属・不安・搾取・堕落にさらされている。なんという矛盾であろう。この矛盾は、生産が社会的・共同的になったにもかかわらず、生産が資本家によって私的に支配され取得されているということにもとづく。もっぱら利潤のみが目あての生産、生産物が資本家に独占される所有関係、それに由来する。要するに、支配し収奪する資本家と、支配され収奪される労働者からなりたっている階級関係ないし生産関係に、問題があるのである。この関係は、すばらしい生産力、生産手段の集中、労働の協力化・共同化・社会化、と調和しがたくなっている。資本主義体制は、いまや、それとともに、またそれのもとで開花した生産様式の、桎梏《しっこく》（手かせ・足かせ）となっている。

だが、絶望するにおよばない。いためつけられた運命、そしてますますいためつけられていく運命のなから、労働者たちは立ちあがる。かれらにたいする抑圧・搾取、かれらの貧困・隷従・頽廃《たいはい》が増大すればするほど、かれらの反逆も増大する。かれらの反抗は、資本主義的な生産過程そのものの機構によって、訓練され、結合され、組織されていく。資本の支配者は、その支配を粉砕するものをはぐくんでいく。ブルジョア階級は、みずからの墓掘人（プロレタリア階級）をつくっていく。資本主義的私有の運命をつげる鐘がなる。収奪者たちが収奪されるという鐘が！

『資本論』は、このように、資本主義の法則や歴史的必然性を分析する。そして、そのなかでの労働者階級の生成や運命や反抗を、したがってまた使命を、あきらかにする。資本主義の運動法則を認識し、それにもとづいて、資本主義そのもの（人間らしさの喪失、非人間化、人間からの人間の疎外）を廃止し、人間が人間らしくなる社会（共産主義社会）を建設するという使命を。

最後の力をしぼって実践活動へ

――第一インターナショナルの創立から解散へ――

背　景

「万国のプロレタリア、団結せよ！」と、『共産党宣言』は訴えた。そして、マルクスじしん、そのために、共産主義者同盟や労働者協会をつくって努力した。が、ヨーロッパをおおった黒い反動のために、失敗してしまった。かれは一歩退いて、『共産党宣言』を裏づける科学的理論（『資本論』）を仕上げることに没頭した。貧困や病苦とたたかいながら。

しかし、資本主義の発展、富の蓄積とともに、ますます数をました労働者階級の窮乏・隷従も進展した。ロンドンでは、酔いしれた経済繁栄とともに、他方で、餓死《がし》があいついでいた。しかしこの絶望状況のなかから、『資本論』がいうごとく、労働者階級の反抗ももりあがってきた。イギリスには、かつてのチャーチスト運動が退潮したのち、労働組合の運動が台頭してきた。フランスでも、抑圧のなかにおかれながらも、労働者の運動がもりあがってきた。アメリカでは、周知のごとく、奴隷解放の南北戦争がおこり、北部の勝利にきした。ドイツでは、プロレタリア階級の未成熟のため、三月革命は未完成におわり、封建的残りかすや分裂状態が支配していた。が、近代工業のめざましい発展によって、情勢は、統一ドイツの方向へ動いていた。また、ラッサールの「ドイツ労働総同盟」が結成された（一八六三年）。ロシアでは、まだ封建的残りかすがふっしょくされなかったとはいえ、農奴が解放された。イタリアやポーランドでは、人民は、統一のために蜂起《ほうき》していた。

万国の労働者が団結するために、いまこそ、この数は結びあわされなくてはならない。労働者が、また個々の労働者集団が、部分的利益のために個々の資本家と闘争しても、それによって、労働者階級の窮状が根本的にかわるようにはならない。まして、人間的に解放されることなどは、とうていおぼつかない。団結した数が、資本主義的搾取を打倒しないかぎり、資本のくびきを取り除くことはできない。他方、団結のための精神的・理論的武器は、いま、『資本論』として仕上げられようとしている。万国の労働者が、団結すべき機は、いまこそ熟しているといえよう。こういう背景のもとで、「第一インターナショナル」（「国際労働者協会」）は、生まれてきたのである。

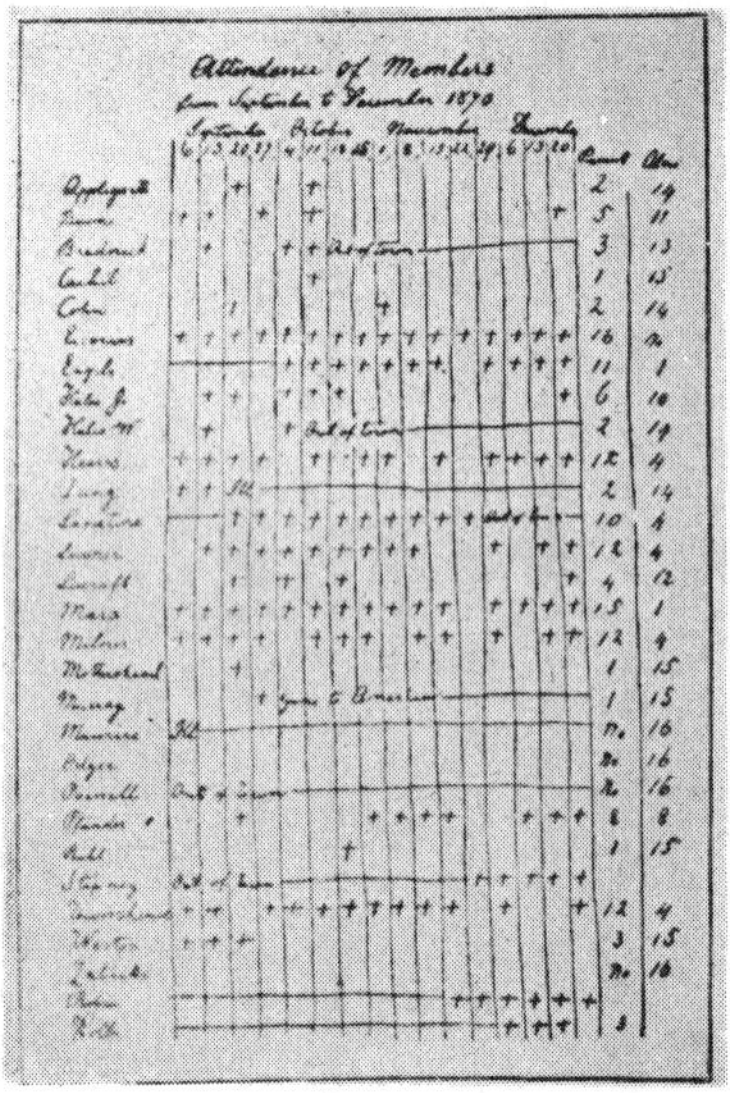

「インター」の委員会の出欠表（これは、1870年のものだが、上から15番目のマルクスはよく出席している）

第一インターの創立

六二年五月、ロンドンで、第三回万国博覧会が開かれ、各国の労働者が集まってきた。ラッサールもやってきて、マルクスをたずねた。この博覧会は、各国労働者の交流に、よい機縁となったようである。一八六四年九月二八日、マルクスは、聖マーチン公会堂で開かれた国際集会へ招かれた。そこで、第一インターナショナル(国際労働者協会)の創立が決議され、傍聴《ぼうちょう》していたマルクスは、委員に選出されてしまった。

ついで、委員会は、協会の創立宣言と規約を作成する小委員会の委員に、マルクスを選んだ。こうしてかれは、『資本論』で多忙のなかを、またたいへんな実践活動へとびこんでいった。かれの主義・主張からして、ことわることはできないし、また、ことわるべきではないと考えたのだろう。

マルクスは、創立宣言と規約を書いた。(それは、多少の修正だけで採択された。)そのなかで、かれは、『共産党宣言』に比べてはるかにおだやかな語調で、万国の労働者の団結を、こうよびかけている。

現在のまちがった基盤のうえでは、生産力のどんなすばらしい発展も、どんなすばらしい発明・発見・改善も、また、どんな植民地も、移民も、市場開発も、自由貿易も、労働者の窮乏をとり除くことはできない。階級対立の鋭さや、へだたりを増大しないわけにはいかない。しかし絶望すべきではない。そこにまた、労働者階級の自覚と反抗が高まっている。労働者は、政治権力の獲得を第一の義務とし、もって、労働者階級を解放し、階級支配を絶滅するという究極目標を、みずからの手によって勝ちとらなくてはならない。そのために、万国のプロレタリア、団結せよ!

インターの活動と分裂

マルクスは、中央委員会（のち、「総務委員会」と改称）の中心として、努力した。しかし、運動は、思うようにすすまなかった。だいいち、金が集まらなかった。フランスでは、極左冒険的なブランキー派と日和見的なプルードン派とが争っており、かつそのいずれもマルクス主義とは合わなかった。ドイツでは、政治結社の自由が認められていなかった。イギリスでは、運動は、ブルジョア議会のわく内でなされようとした。

他方、マルクスの体も、永年の貧乏や過労のため、弱っていた。「よう」や肝臓病などで、しばしば苦しんだ。

「第一インター」は、第一回（一八六六年、ジュネーブ）、第二回（六七年、ローザンヌ）、第三回（六八年、ブリュッセル）、第四回（六九年、バーゼル）、第五回（七二年、ハーグ）と、五回の大会をもつことができた。ことに、第一回はなかなか盛会で、インターの組織、労働と資本との闘争でのインターの協力、労働時間の制限、婦人・少年労働、協同組合、労働組合の過去・現在・未来、直接税と間接税、ポーランド問題、常備軍、などを論議し、委員会の案が採用された。この線にそって、インターの日常活動や闘争がとりくまれていった。労働者の闘争のあるところ、いつでも、どこでも、インターの活動や運動があった。マルクスは、『資本論』のことに追われ、貧困とたたかい、病気に苦しみながらも、委員として会の仕事ととりくんだ。しばしば夜の三時まで、その仕事にたずさわった。またときには、委員会で、理論的な講演もした（『賃金、価格および利潤』）。だが、会では、プルードン主義とバクーニン主義とにたいするマ

ハーグの「インター大会」(1872) の
マルクスとエンゲルス

ルクス・エンゲルスの対立が、するどくなってきた。プルードン派は、日和見で、改良主義的で、政治闘争やストライキに反対した。他方バクーニン派は、極左的な冒険主義で、国家や政治を否定しようとする一揆《いっき》的な無政府主義であった。これに反し、マルクス・エンゲルスは、政治闘争やストライキを重視し、革命によって、政治権力を労働者の手におさめようとした。第四回大会では、とくにマルクス派とバクーニン派とがするどく対立した。マルクスは、病気その他のため、第一回から第四回までの、いずれの大会も欠席した。が、第五回大会には、非常な熱意で、エンゲルスとともに出席し、バクーニン派の除名を可決させてしまった。またマルクスは、この大会で、労働者が政治権力を獲得する道は、ところによって異なること、平和革命による国もありうること、に言及した。しかし同時に、この大会は、総務委員会のニューヨーク移転を決議した。こうして第五回大会は、いわば分裂と移転を決める会となってしまった。その裏には、普仏戦争があり、マルクスが期待をよせた「パリ＝コンミューン」の敗北があったのである。

　一八七〇年、普仏戦争がはじまるとともに、インターは声明を出した（七月）。プロイセンにとって

パリ＝コンミューンの宣言(1871年3月18日)

は防衛であるこの戦争が、フランス国民にたいする征服戦に転化してはならない。もしそうなれば、ドイツに不幸が復活してくるであろう、と。ついで、九月の第二声明は、労働者に対し、アルザス＝ロレーヌのドイツ併合に反対するよう、また、フランスの共和制をかちとるために活動するよう訴えた。

七一年一月、フランスが敗れると、三月一八日、「パリ＝コンミューン」とよばれる、労働者の革命政府が成立した。が、この最初の労働者国家は、七〇日余にして、五月二九日にたおされてしまった。二日後、インターの総務委員会は、第三回の声明を出した。もちろん、第一声明も第二声明も、そしてこの第三声明も、マルクスの筆になるものであった。マルクスは、この第三声明において、「パリ＝コンミューン」が、いかにして生まれ、いかにして崩壊《ほうかい》していったかを分析し、この社会主義的な試みのもつ意義を明らかにした。それは、プロレタリアートが政治権力をにぎった国家形態の、最初のものであったのである。マルクスは、それを分析することによって、未来の社会主義の構造とか、プロレタリアートの独裁とかを明らかにした。もともとマルクスは、当時の状況のもとでは、労働者による革命政権に批判的であった。時期尚早と考えたのである。しかし、ひとたび革命政府が成立すると、全力をつくしてそれに忠告し、それを援助したのだった。が、それは、わずかにして崩壊した。いくたのあやまちをもっていたがゆえに。それゆえにまた、このあやまちを分析するマルクスの声明は、多くの教訓をふくんでいるといえよう。わけてもレーニンは、社会主義革命としてのロシア革命を成功させるにあたって、マルクスのこの「パリ＝コンミューン」論に、大いに教えられた。（三つの声明は、のちほどエンゲルスによってまとめられて、一冊にして刊行された。それがこんにちの『フランスの内乱』である。）

「パリ＝コンミューン」のために、インターは、内部の意見対立をおさえて、一致してたたかった。それだけに、コンミューンの敗北はインターの内部対立を表面化し、ろこつなものにしてしまった。七二年のハーグでの第五回大会は、内部対立の尖鋭化のあらわれとしての分裂であり、分解に近いものであった。ニューヨークへの総務委員会の移転は、インターの自滅を、国外において回復しようとする、いわばインターの亡命を意味したであろう。一八七六年、フィラデルフィアの大会は、第一インターの解散を正式に声明した。

こうして、第一インターは、姿を消した。外からの弾圧と内部の分裂とによって。しかし、それが植えつけた精神、すなわち、万国労働者の国際的な団結という精神は、マルクスの理論に導かれて、今日まで生きている。生きているどころか、ますます生長し、ますます光を放ってきている。

肉体は死んでも、仕事は生きつづける

老いても批判は衰えず　インターが失敗すると、まだ五〇歳台だというのに、マルクスの体は、急に老衰を見せてきた。長年の労苦(たたかい・勉強・貧乏)は、かれの肉体を収奪しないではおかなかった。これよりさき、エンゲルスは、マンチェスターの紡績工場を売り払ってロンドンに移住し、そばで親しくマルクスを助けていた。マルクスの体も頭も衰えていた。それでも、なにかことがおこると、眠りからさめたごとく、かれの眼は光り、かれの頭は生気をとりもどした。『ゴータ綱領批判』(一八七五年)は、するどく輝いたマルクスの眼と、はげしく活動するかれの頭脳とをあらわしているといえよう。

普仏戦争に勝ち、プロイセンを中心とする統一をなしとげたドイツでは、資本主義が躍進しはじめた。同時に、労働運動も進展し、その左右両派の合同が必要となってきた。右派とは、ラッサールの「ドイツ労働総同盟」である(ラッサールは総同盟結成の翌年、すなわち一八六四年、恋愛のための決闘で死んだ)。左派とは、マルクスの弟子であるリープクネヒトやベーベルによってつくられた「ドイツ社会民主労働党」(ふつう「アイゼナハ派」とよばれるもの)である。両派は、一八七五年、ゴータで大会をひらいて合同

し、「ドイツ社会主義労働党」をつくった。この合同綱領（ゴータ綱領）は、当然、両派の合作であり、妥協の産物であった。マルクスの気に入るはずがなかったともいえよう。

マルクスは、するどくこれを批判した。これが、『ゴータ綱領批判』といわれるものである。

まず批判は、綱領にみられるラッサール的なものへ、向けられる。綱領は、いかにもラッサール主義らしく、現存の制度のなかで、あるいはそれに似た考え方のなかで、労働者の地位の向上や解放を考えている。「自由なる国家」という表現があること、民主主義的共和国という主張が欠けていること、デモクラシーへの過大評価がみられること、労働運動を国民中心に考えていること、国家の補助を期待していること、などがこれである。それらは、間違っている。そのほか、考え方があいまいでぬえ的だから、理論もいいかげんで間違いをふくんでいる。マルサスの人口論にもとづいた「賃金鉄則」などというコトバが、それである。それらは、けしからん、とマルクスは批判するのである。

さらに、この綱領批判で注目すべきことは、マルクスが、資本主義社会から共産主義社会へ移行する過渡期として、プロレタリアート独裁の国家形態を提案したことである。今日流にいえば、資本主義と共産主義との間にある、社会主義の段階のことである。そこでは、まだ、「あらゆる点で、経済的にも道徳的にも精神的にも、それを生んだ母胎《ぼたい》である旧社会の母斑が、くっついている。」この過渡をへてのち、「各人はその能力に応じて働き、その必要に応じて得る」という、真の共産主義社会にいたることが、できるのである。

マルクスはこのように、自分の見解をのべるのである。

この綱領批判の全体は、ドイツの現状に通じていないマルクスを、あらわしているともいえよう。しかし、マルクス理論を理解するうえからは、また貴重なものをふくんでいると、いえよう。

妻の死

一八八一年の暮れ、一二月、かねてから病床にあった最愛の妻イェニーが、肝臓ガンでこの世を去った（六七歳）。ガンにはつきもののあらゆる苦痛をたえしのんで、かの女はいつもほがらかで、冗談をいい、みんなを心配させまいとした。ビスマルクの弾圧のなかで（七八年、社会主義鎮圧法発布）、一八八一年に行なわれたドイツの選挙の勝利を喜んだ（弾圧前にひとしい数の議員が、当選した）。最後までかの女は、みんなに冗談をいって、みんなを笑わせようとした。が、ついに夫に向かって、「カール、わたしの力はつきました」と、別れのあいさつをした。

ロンドンのハイゲートの墓地にほうむられた。病いのためマルクスは、ここまで妻を見送ることができなかった。数人の親しい人が、かの女の最後のいこいの場所へおともした。友人エンゲルスが、みんなに向かって葬送のコトバをのべた。そのなかで、かれはこういった。「他人を幸福にすることのなかに、自分の最大の幸福をみいだした女性が、かつてあったとするなら、それは、この奥さんでした」と。

「お母さんの一生とともにモール〔マルクス〕の一生もおわりました」と、末娘のエリナは悲しんだ。むりもない。思えば長い間、二人は、あらゆる弾圧・追放・迫害・不幸・貧乏・中傷・病苦……とたたかいながら、労働者の、そして人間の解放のために、一体となってつくしてきたのだった。この妻なくして、マル

父とジェニー（長女）

晩年のマルクス

ラウラ（次女）

クスを考えることはできないであろう。二人の愛のゆえにこそ、あらゆる苦難にも二人はくじけなかった。二人の愛のゆえにこそ、あらゆる苦難は二人をきたえた。その二人のうちの一人が、いま消えたのだ。かの女の死とともにマルクスも死んだ、というエリナやエンゲルスのコトバは、ほんとうにそうだった。

さらに、このマルクスに、追い討ちをかけるような打撃をあたえたのは、長女ジェニーの死の知らせだったことであろう。マルクスが二六歳のとき、パリ時代に、最初の子として生まれたかの女は、また父母と苦労をともにした。かの女は、フランスの社会主義者、シャルル＝ロンゲの夫人であった。そのかの女も、三八歳で父に先んじてしまった。「僕たちのジェニーちゃんは死んだのだ！」マルクスは、心の底からこういってなげいた。

肉体的生命はつきたが……

『資本論』の二巻、三巻の公刊のこともあるので、マルクスは、あれこれと転地療養をして、再起しようとつとめた。しかし、妻に死にわかれ、いままた長女に先きだたれて、マルクスの心身の苦しみは、いっそうはげしくなった。かれは二度と立ちなおれなかった。肝臓病、不眠症、肋膜炎、気管支炎、肺炎、喉頭炎、肺膿瘍などあらゆる重病を重ね、そして最後は、肝臓ガンだった。

一八八三年三月一四日の午後のことである。エンゲルスが、マルクスの家にきてみると、みんなが泣いている。マルクスが動けなくなったというのである。エンゲルスが病室にいってみると、マルクスはうとうとしていたが、やがて、ねむるがごとく世を去った。六五歳だった。

エンゲルスは、アメリカにいる友人ゾルゲ（第一インターならびにアメリカ社会主義労働党の指導者）に宛てて書いた。「人類は一つの頭を失った。しかも人類がこんにちもっていた最もだいじな頭を。プロレタリアートの運動は前進をつづける。だが、その中心がなくなった」と。

三月一七日、ハイゲート墓地の妻のそばへ埋葬された。その式には、エリナ（末娘）、エンゲルス、リープクネヒト、ロンゲ（長女の夫）、ラファルグ（次女ラウラの夫）、エイヴリング（のちのエリナの夫）など、約二〇人の親しい人たちが参列した。

エンゲルスが、葬送の辞をのべた。

「三月一四日午後二時四五分、現代最大の思想家は、考えるのをやめたのでした。ほんの二分たらずしか一人にしておかなかったのに、わたしたちが室にはいってみると、かれは安楽椅子のなかで、しずかな――だが永遠のねむりについていました。

ヨーロッパとアメリカの戦闘的プロレタリアートが、また歴史科学が、この人の死によってこうむった損失は、まことにはかりしれないものです。この巨人の死によってあけられた間隙《かんげき》は、まもなくはっきりと感じられましょう。

ダーウィンが有機界の発展法則を発見したように、マルクスは、人間歴史の発展法則を発見しました。それだけではありません。マルクスは、また、こんにちの資本主義的生産様式とそれによってうみだされたブルジョア社会との、特殊の運動法則を、発見しました。剰余価値の発見によって、ここに突然、光がなげかけられました。………

マルクスは、なによりもまず革命家でした。資本主義社会とそれによってつくりだされた国家制度との転覆に、なんらかの方法で協力すること、近代プロレタリアートの解放のために協力すること、これが生涯をかけた、かれのほんとうの仕事でした。かれこそは、はじめて、プロレタリアートに、みずからの地位と要求を、また自己の解放の諸条件を、自覚させたのでした。………

かれは、幾百万の革命的同志から尊敬され、愛され、悲しまれながら、この世を去りました。同志は、シベリアの鉱山から、全ヨーロッパとアメリカとをこえて、カリフォルニアにまで及んでいます。………

かれの名は、そしてかれの仕事もまた、幾世紀をつうじて生きつづけることでありましょう！」

ともに安らかな永遠のねむりを　ハイゲートにあるマルクスの墓には、こんにち、五つの名が刻まれている。イェニー＝フォン＝ヴェストファーレン、カール＝マルクス、ハリー＝ロンゲ、ヘレーネ＝デムート、エリナ＝マルクスの五人が。

イェニーはいうまでもなく最愛の妻の名。ハリーは、マルクスより一週間あとで亡くなったマルクスの孫で、ロンゲに嫁いだ長女の子。ヘレーネは、マルクスが家庭をもっていらい、マルクス一家のために一生をささげた忠実なお手伝い。マルクス夫妻には、生涯の友であり、子どもたちには、かけがえのない「おばちゃん」だった。マルクスの死後、エンゲルスの家にひきとられ、一八九〇年に亡くなった。エンゲルスの意によって、かの女は、マルクス夫妻のそばのここで、永遠に眠ることとなった。

さいごに、つけ加えられたように、エリナの名がならべられている。母のイェニーが自慢したごとく、長女のジェニーも次女のラウラも、ともにすぐれた女性であった。が、末娘のエリナは、わけても才能のすぐれた美しい女性であった。さいごまで母と父につきそったのもかの女だった。もちろんマルクスはかの女をひとしお可愛いがったし、かの女もまただれよりも深く父を愛し、父を尊敬した。父の死後、かねてからの知りあいで、有望な科学者であり社会主義者であるエイヴリングと結婚した。しかしエイヴリングは金銭関係にだらしがなく、またかれには法律上の妻があった（エリナとの結婚は法律的なものではなかった）。かの女はそのことに悩んだ。それでも妻としてよくつくしたが、かれの愛が遠のくのをみて、ついに毒を仰いで自殺した（一八九八年、四三歳）。かの女は父の期待にそむかず、社会主義運動や労働運動にもなかなかの活躍をした。また父の遺稿の編集や、翻訳《ほんやく》や、著作などでも相当の仕事をしている。まことに有能な、おしい女性だった。しかもかわいそうなことには、墓地の管理者の反対で、ハイゲートに葬ってもらえなかった。遺骨は、イギリス共産党本部におかれていた。戦後、いまの墓が新た

エリナ（四女）

こんにちの新しい墓（湯川和夫氏うつす）

新しい墓の墓碑銘（湯川和夫氏うつす）
イェニー、マルクス、ハリー＝ロンゲ、ヘレーネ＝デムート、エリナ

いかにもつつましいもとの墓

につくられたさい（旧いのは隅の方にあった）、ようやく父母の眠るここに、帰ることができたのである。生前ゆっくり休むこともなかったこの人たちのことを思えば、わたしは、こう祈らずにはおれない。みんな永遠に、やすらかに眠られよ！　と。

（長女のジェニーは、フランスの社会主義者ロンゲと結婚したが、さきに述べたごとく、父より先に世を去り、いたく父を悲しませた。次女ラウラは、同じくフランス社会主義者のラファルグと結婚したが、この夫妻ものちほど（一九一一年）自殺した。また、すでにふれたごとく、長男と次男と三女は、一家がロンドンに亡命したころのどん底時代に、あいついで死んでいった。いまは、かわいそうだった三人の墓も、わからなくなっているということである。しかし、父マルクスの名や仕事が生きつづけるかぎり、どん底時代の犠牲としてのこの三人のことも、人びとに語りつがれるであろう。わたしも、三人の冥福《めいふく》を祈ってやまない。）

あとがき

――さらに勉強しようとする人のために――

はじめのプランとしては、いちばん最後に、夫人イェニーのマルクス観や、娘・同志・友人・弟子《でし》などの「マルクスの思い出」を書きたかった。が、もう、与えられた枚数も、時間もなくなった。さいわい、「国民文庫」（大月書店刊）のなかに、『マルクス回想』（土屋保男訳）というのがある。人間らしい人間マルクスの人がらを、じかにマルクスにふれた人たちからうかがうことができ、たいへんおもしろい。それでもって、いたらぬこの本を補ってほしい。

次には、なるべく直接に、マルクスの著作を読んでほしい。それには、『共産党宣言』、『賃労働と資本』、『賃金、価格および利潤』、さらに、エンゲルスの書いた『空想から科学へ』などから始められるのを、おすすめする。レーニンの『カール＝マルクス』も、必読の入門書であろう（国民文庫『マルクス＝エンゲルス＝マルクス主義』の(1)にある)。これらは、いずれも短いものであり、内容も比較的平易である。そして最後には、『資本論』を、せめて第一巻だけでも読んでいただければと、念願する。

マルクスの著書やマルクスに関するものの訳本としては、こんにちいろいろなものがでている。まず手ごろな文庫本として、国民文庫（大月書店）、岩波文庫（岩波書店）、青木文庫（青木書店）などがある。そのほか、『マルクス＝エンゲルス選集』（大月書店）、『マルクス＝エンゲルス選集』（新潮社）、未完だが、『マルクス・エンゲルス全集』（大月書店）なども ある。わたしは、原典として、東ベルリン「ディーツ」発行の『マルクス＝エンゲルス全集』をよりどころにした。しかし、そのドイツ文を日本語にするにあたっては、さきの種々の日本訳を参照した。ここで、おことわりをしておく。

なお、年譜としては、『マルクス年譜』（モスクワの「マルクス＝エンゲルス＝レーニン研究所」からでているものの日本訳、青木書店刊）を用いた。掲さいした写真は、ことわりのないかぎり、トリールのガイドーブック、ディーツからでている『マルクス＝アルバム』、『カール＝マルクス――生活と作品』、『マルクスの娘たち』、さらにさきほどのディーツ発行『マルクス＝エンゲルス全集』などから借用した。それも、ここで、おことわりをしておく。

マルクスやエンゲルスに関する伝記や研究書は、全く数えきれないほどである。わたしがこの本を書くにさいして、いろいろ参考にしたり、教えられたもののうち、日本語のものの若干を、巻末に、「参考文献」としてあげておいた。それらは、わりあい平易に書かれている。

マルクス年譜

西暦	年齢	年譜	背景をなす社会的事件、ならびに参考事項
一八一五年			ナポレオン没落、ウィーン条約
一八		**マルクス生まれる**（五月五日トリールで）	
二〇		エンゲルス、バルメンに生まれる	
三〇	一二歳	ギムナジゥム入学	フランス**七月革命**
三一			**ヘーゲル死ぬ**（一七七〇〜）
三二			イギリス選挙法改正法の成立
三三			ドイツ関税同盟
三四			パリでドイツ人「亡命者同盟」成立する
三五	一七	ギムナジゥム卒業。『職業選択』にかんする作文発表 ボン大学に入学（法学部）	

三六	一八	イェニーと婚約 ベルリン大学に入学（法学部）	パリで「正義者同盟」が成立する
三七	一九	**「ドクトル-クラブ」**に入会 父への報告の手紙	イギリスのヴィクトリア女王即位（〜一九〇一）
三八	二〇	マルクスの父死ぬ	イギリスの**チャーチスト**運動おこる
四〇	二二		アヘン戦争（〜一八四二）
四一	二三	ベルリン大学卒業 学位論文完成、イェーナ大学よりドクター位をうける ベルリンからトリールへ、そしてボンへ	
四二	二四	ケルンにうつり、**『ライン新聞』**の編集主任となる はじめて**エンゲルス**と会う	チャーチスト運動（第二回）
四三	二五	「ライン新聞」の編集主任を辞任 **イェニー**と結婚（クロイツナハで）。パリ移転 **『独仏年誌』**一、二合併号発行、それに**『ユダヤ人問題』**や**『ヘーゲル法哲学批判序説』**などを発表	
四四	二六	経済学の研究をする。その成果が**『経済学・哲学手稿』**と	

年	歳	マルクスの事績	世界の出来事
		なる 長女ジェニー生まれる	
一八四五年	二七歳	パリを追われてブリュッセルへ 『聖家族』出版。『ドイツ・イデオロギー』に着手する エンゲルスとともにイギリスに旅行する 次女ラウラ生まれる	
四六	二八	ブリュッセルに共産主義者通信委員会を設立する 長男エドガー生まれる	イギリス穀物法の廃止
四七	二九	ロンドンでの共産主義者同盟大会に出席し、綱領の起草をたのまれる 『哲学の貧困』出版	イギリス一〇時間労働法の制定
四八	三〇	『共産党宣言』を発表 ブリュッセルを追放されてパリへ ケルンに移り、『新ライン新聞』を発行する	フランス二月革命 ドイツ・オーストリア三月革命 チャーチスト運動（第三回）
四九	三一	『新ライン新聞』に、『賃労働と資本』をのせる 追放されてパリへ、パリを追われてロンドンに亡命 次男ハインリヒ生まれる	ドイツに憲法戦争、反革命の勝利におわる

五〇	三二	エンゲルスもロンドンへ亡命してくる 『新ライン新聞、政治経済評論』を発行する 共産主義者同盟分裂 経済学の勉強のため、大英博物館に通いはじめる エンゲルス、マンチェスターに移り、父の商会で働き、マルクスを助ける 次男ハインリヒ死ぬ	太平天国の乱（〜一八六四）
五一	三三	「ニューヨーク・トリビューン」紙に寄稿しはじめる。以後六二年まで続け、生活の助けをえる 三女フランチスカ生まれる	ケルン共産党事件逮捕つづく
五二	三四	三女フランチスカ死ぬ 「ブリュメール十八日」、ニューヨーク「レヴォルツィオン」にのる 共産主義者同盟、解散を声明	ナポレオン三世即位（〜一八七〇）
五三	三五		クリミア戦争（〜一八五六） ペルリ浦賀来航
五五	三七	四女エリナ生まれる	

一八五九年	四一歳	長男エドガー死ぬ **『経済学批判』**出版	イタリア統一戦争はじまる ダーウィンの**『種の起源』**でる
六〇	四二	反駁書『フォクト氏』を出す	
六一	四三		ロシアの農奴解放令公布 統一イタリア王国成立 **アメリカ南北戦争**（～一八六五）
六二	四四		第三回万国博覧会、ロンドンで開催され、各国の労働者集まる
六三	四五	マルクスの母トリールで死ぬ	ポーランドの反乱（～一八六四） ラッサール、ドイツ労働総同盟を結成する
六四	四六	**第一インターナショナル**（国際労働者協会）ロンドンで創立され、マルクスは委員に選ばれ、創立宣言と規約を書く	ラッサール決闘によって死ぬ
六五	四七	インターの委員会で**『賃金、価格および利潤』**について講演	プルードン死ぬ（一八〇九～） リンカーン暗殺される

六六	四八	第一インターナショナル第一回大会ジュネーブで開かれる。マルクス出席せず	プロイセン・オーストリア戦争
六七	四九	『資本論』第一巻出版 インター第二回大会ローザンヌで開催 マルクス出席せず	
六八	五〇	インター第三回大会ブリュッセルで開かれる。マルクス出席せず	明治維新
六九	五一	インター第四回大会バーゼルで開かれ、マルクス派とバクーニン派対立 マルクス出席せず	リープクネヒト・ベーベルら、ドイツ民主労働党（アイゼナハ派）を創立する
七〇	五二	マルクス、普仏戦争にかんするインター総務委員会の第一、第二声明を書く エンゲルス、マンチェスターからロンドンに移り、マルクスを助ける	普仏戦争おこる フランスは共和制を宣言
七一	五三	コンミューンにかんするインター総務委員会の声明を書く（三声明のまとめられたのが「フランスの内乱」）	ドイツ帝国建設 「パリ-コンミューン」成立

一八七二年	五四歳	マルクス、エンゲルスとともにインター第五回大会（ハーグ）に出席。バクーニン派の除名、総務委員会のニューヨーク移転を決める	
七五	五七	**『ゴータ綱領批判』**を書く	アイゼナハ派とラッサール派とがゴータ大会で合同し、**「ドイツ社会主義労働党」**成立する
七六	五八	第一インター、フィラデルフィア大会で正式に解散をきめる	バクーニン死ぬ（一八一四〜）
七七	五九		ロシア・トルコ戦争はじまる（〜一八七八）
七八	六〇		ドイツ、社会主義鎮圧法発布（〜一八九〇）
七九	六一		フランス社会主義労働党創立
八一	六三	**妻イェニー死ぬ**	
八三	六五	長女ジェニー死ぬ **マルクス死ぬ**、ハイゲートの妻のそばに葬られる	
八五	六七	**『資本論』**第二巻、エンゲルスによって発行される	

八九	七一	**第二インターナショナル**、パリで創立 エンゲルスは表面にはでず、最高助言者として働く	**大日本帝国憲法発布**
九〇	七二	マルクス家のお手伝いで、マルクスの死後エンゲルス家に引きとられていたヘレーネ＝デムート死ぬ	ドイツ社会主義鎮圧法廃止 ドイツ社会主義労働党は、「ドイツ社会民主党」と改称
九一	七三		ドイツ社会民主党、エルフルト大会で、マルクス主義的な新綱領（エルフルト綱領）を採択する
九三	七五	エンゲルス、第二インターのチューリヒ大会に招かれて出席する	
九四	七六	**『資本論』**第三巻、エンゲルスの手により発行される	日清戦争（～一八九五）
九五	七七	**エンゲルス**、喉頭ガンで**死ぬ** 遺骨は、遺言にしたがって、イーストボーンの海に沈められる	
九八	八〇	マルクスの四女エリナ、自殺する	

参考文献

マルクス・エンゲルス小伝　大内兵衛著　岩波書店　昭39
マルクス伝　向坂逸郎著　新潮社　昭37
カール＝マルクス　フランツ＝メーリング著　栗原　佑訳　大月書店　昭28
マルクス紀行　小島恒久著　法律文化社　昭40
カール＝マルクス　ルフェーヴル著　吉田静一訳　ミネルヴァ書房　昭35

若きマルクス　ルカーチ著　平井俊彦訳　ミネルヴァ書房　昭33
初期マルクス研究　マルクーゼ著　良知・池田訳　未来社　昭36
初期のマルクス　淡野安太郎著　勁草書房　昭31
社会主義思想の成立　城塚登著　弘文堂　昭30
経済学教科書（とくに第一　二分冊）　ソ連科学経研著　経済学教科書刊行会訳　合同出版社　昭34
社会思想史概論　高島・水田・平田著　岩波書店　昭37

さくいん

―完―
C

マルクス■人と思想20　　　定価はカバーに表示

1966年10月25日　第1刷発行©
2015年9月10日　新装版第1刷発行©
2018年2月15日　新装版第3刷発行

・著　者 ……………………………小牧《こまき》　治《おさむ》
・発行者 ……………………………野村久一郎
・印刷所 ……………………法規書籍印刷株式会社
・発行所 ……………………株式会社　清水書院

〒102-0072　東京都千代田区飯田橋3-11-6
Tel・03(5213)7151～7
振替口座・00130-3-5283
http://www.shimizushoin.co.jp

検印省略
落丁本・乱丁本は
おとりかえします。

CenturyBooks

Printed in Japan
ISBN978-4-389-42020-8

CenturyBooks

清水書院の〝センチュリーブックス〟発刊のことば

近年の科学技術の発達は、まことに目覚ましいものがあります。月世界への旅行も、近い将来のこととして、夢ではなくなりました。しかし、一方、人間性は疎外され、文化も、商品化されようとしていることも、否定できません。

いま、人間性の回復をはかり、先人の遺した偉大な文化を継承して、高貴な精神の城を守り、明日への創造に資することは、今世紀に生きる私たちの、重大な責務であると信じます。

私たちがここに、「センチュリーブックス」を刊行いたしますのは、人間形成期にある学生・生徒の諸君、職場にある若い世代に精神の糧を提供し、この責任の一端を果たしたいためであります。

ここに読者諸氏の豊かな人間性を讃えつつご愛読を願います。

一九六七年

SHIMIZU SHOIN